复旦大学古籍整理研究所古文献专业研究生教材

復旦古籍所
Chinese Classics Research Institute
Fudan University

古籍修复技术

童芷珍 著

上海古籍出版社

图书在版编目(CIP)数据

古籍修复技术／童芷珍著．—上海：上海古籍出版社，2014.10(2023.9重印)
复旦大学古籍整理研究所古文献专业研究生教材
ISBN 978-7-5325-7438-4

Ⅰ.①古… Ⅱ.①童… Ⅲ.①古籍—修复—研究生—教材 Ⅳ.①G253.6

中国版本图书馆CIP数据核字(2014)第241645号

复旦大学古籍整理研究所古文献专业研究生教材
古籍修复技术
童芷珍　著
上海古籍出版社出版、发行
(上海市闵行区号景路159弄1-5号A座5F　邮政编码201101)
(1) 网址：www.guji.com.cn
(2) E-mail：guji1@guji.com.cn
(3) 易文网网址：www.ewen.co
常熟文化印刷有限公司印刷
开本787×1092　1/16　印张14.25　插页2　字数200,000
2014年10月第1版　2023年9月第7次印刷
印数：7,101—8,400
ISBN 978-7-5325-7438-4
G·594　定价：58.00元

序

陈正宏

复旦大学古籍整理研究所创建于 1983 年，中国古典文献学专业是自建所之初即开始招生，且从未间断过招生的专门培养科学学位研究生的两大专业之一（另一专业是中国古代文学）。在蒋天枢、章培恒、徐鹏、吴金华等前后三代专业教授的出色规划和辛勤努力下，该专业从单一的古籍整理方向，发展成为现在具有版本目录学、古籍保护、海外的汉籍收藏与研究、文学文献学、美术文献与美术史、古籍整理与研究、古籍校释学等七个研究方向的规模。从复旦古籍所古文献专业毕业的硕士、博士和国外高级进修生，不乏目前已成为海内外著名专业机构如上海图书馆历史文献中心、上海博物馆敏求图书馆、浙江图书馆古籍部、复旦大学图书馆古籍部、华东师范大学图书馆古籍部、上海师范大学图书馆古籍部、日本庆应大学斯道文库、韩国圆光大学中文系的学术骨干者，而这一切都是在这一专业的专任加兼任教师长期仅有三至四位的条件下实现的，这令我们既感慨万千，又欣慰自豪。

古籍保护是复旦古籍所古文献专业近年新设的研究方向，采用一位专任教授和一位外聘高级技师合作指导的双导师制方式，培养本专业三至四年制科学学位研究生。我们的理想，是用精耕细作而非粗放漫洒的方式，花大约十年的时间，培养一小批真正既具有出色的古籍修复技术，又具有较高的古文献理论素养，精通一到两门外语，能够成为未来中国古籍修复与保护学术骨干的复合型专业人才。可以非常明确地说，学生数量不是我们追求的目标，质量才是我们最看重的。

我们的这项工作，得到了上海图书馆古籍部著名修复师童芷珍女士的全力支持。童芷珍研究员是目前国内少有的既有高超的修复技艺，又善于给年轻学生讲课，并能将有关技术总结归纳、著书立说的专家型古籍修复师。受聘担任复旦古籍所古文献学专业古籍保护方向硕士生导师以来，因为专业理念相同，她不计报酬多寡，以极大的热情投入工作，培养成效十分显著，也赢得了复旦学生的尊敬和喜爱。现在她将传统意义上带有秘技意味的中国古籍修复技法，尤其是个人几十年来工作教学的独门心得，无私地奉献出来，以过程条叙、重点解说、诀窍提示、手法图示等一系列十分适合学生学习和复习的形式，编成这本要言不烦而又与众不同的教材，不仅为复旦古籍所古文献专业研究生的培养作出了他人无法替代的重要贡献，也为中国的古籍保护事业提供了一份不含水分的扎实成果，这是作为复旦古籍所同事和古文献学同行的我要向她致以由衷的敬意和谢意的。

我们也真诚地希望使用、阅读这本教材的同学和读者，在研习古籍修复技术的同时，能善待自己有缘遇见的一切海内外现存古籍实物，并进而对书物中承载着的以文字或图像等形式展现的人类文明遗存，抱持一份作为知识人应有的虚心和尊重，因为人生有涯，而书比人长寿。

2014 年 9 月于复旦古籍所

目　录

第一讲　古籍修复概况

第一节　古籍与古籍修复

古籍就是古代的书。对于任何一个民族和国家而言，古籍都是宝贵的文化遗产，因为它们以文字或文字兼带图像的形式，记录了人类政治、军事、经济、科学、文化各方面的重要的历史资料，从一个特殊的侧面承载着文明发展的历史血脉，对于传承知识、传播思想、繁衍文化，乃至经济发展和社会进步，都具有不可估量的价值。

中国古籍最主要的载体是纸张。书籍用纸多通过手工将植物纤维原料经由石灰或碱处理制成，因其含碱性高，加以韧皮植物纤维韧性较强，因此耐久性较好，具有保存时间长的特点，所谓“纸寿千年”，一些古文献历经数百年甚至上千年，仍能完好地留传于世。但由于外界和纸张自身二者交互的因素，随着时间的推移，也有不少古代典籍或遭虫蠹鼠啮，或遇水浸风化，或祸于兵火，受到了不同程度的损毁，有的失去了原貌，有的无法翻阅。

为了保护这些宝贵的文化遗产，千百年来，人们进行了不懈的研究探索，总结出了许多精湛高超的修复破损书籍的技艺，古籍修复逐渐成为一门独立的专业技术。据史料记载，古籍修复的起源距今约有 1500 年的历史了，现在所见最早的有关古籍修复的文字，出自北魏贾思勰撰写的《齐民要术》[①]。由于早期古籍在装帧形式上都为卷轴形式，因此在相当长的一段历史时期里，有关论述古籍修复的文章都与装裱技艺分不开。直到隋唐时期，册装开始广泛应用于书籍的装帧，此后依次出现了蝴蝶装、包背装、线装等各类装帧形式，有关古籍修复技艺其他各方面的论述才渐渐丰富凸显。

在总结前人经验的基础上，运用传统的古籍修复技术修复历代文献，对挽救濒危文献，延长文献的寿命，保护文化遗产起到了非常重要的作用，是世上公认的行之有效的古籍保护方法。如前所述，用中国传统的造纸方法生产的纸有千年寿纸的美称，而古籍修补的原理与传统的造纸原理基本上是相同的。中国传统的造纸方法是先用水疏散植物纤维，同时施胶（主要用羊桃藤等植物胶）以改善纸张抗水性，然后抄纸再加压，榨出纸膜中的水分，最后进行烘干形成纸张。而古籍修补过程也是用浆水（浆水为小麦粉制成）使纸纤维疏松膨胀，将文献原纸和修复纸两纸纤维粘合，最后晾干水分，恢复纸张的平整。因此用传统的古籍修复方法修补文献，对文献的损害最低。

由于古籍修复的对象具有极高的价值和不可再生性，因此实施修复时必须要有一些原则。

1. 保持原貌的修复原则

对古籍实施修复时，不能随意更改原来的装帧形式，修复上去的纸张材质与原件应基本相同。即经修复后的古籍要尽可能保持和原来一样。

2. 少修或不修的修复原则

对破损不太严重的古籍，要尽量少修或不修。古籍修复不应是

① 此书卷三“杂说第三十·染潢及治书法”内述“书有残裂，郦方纸而补者”云云。《齐民要术译注》，上海古籍出版社，2006年。

稍有破损即行修复，对珍本来说尤其如此。古籍修复有时难度很大，修复工序繁多，修复不当，也会造成越修越坏：如有些形式的古籍（蝴蝶装、硬面包背装等）拆开重修容易造成损伤；修复所用材料（如粘合剂等）会使原件受损；对原件实施修复一次就将使原件的画面等受损一些；修复过程中因操作失误而使原件受损等等。

3. 对古籍保护有利的修复原则

古籍的修复不能太随意，修复人员都要经过专门的培训才能进行修复，同时修复过程中要做到各个环节都符合古籍保护的要求：如因粘合剂对纸有损，则尽可能采用补的方法修复；去污时因化学试剂对纸有损，则尽可能用清水去污的方法；机制纸含酸较高，即使作书籍的衬纸也不应使用；托补用纸的选择须考虑到再次的修补等等。总之应时时想到以对文献保护有利为优先。

古籍修复其实包括两大部分的内容，一个部分是对破损的古籍进行修补，另一部分是对古籍进行装修（即将其装修成原来的装帧形式）。历代古籍的修复，都各有其时代的风格特点，既代代相传，又代代相异。古籍的装修要根据其不同的形制和用途采用不同的方法，如：有的为恢复它原有的时代风貌，保存其文物价值而进行整旧如旧的装修；有的为延长其使用寿命而进行整旧如新的装修；有的为使其具有更高的艺术欣赏价值或收藏价值而对它加以美化装修等。古籍的装修一般须采用整旧如旧的方法，即保留其原有的时代风格，特别是对那些时代较早、具有文物价值的珍本，更应采取此种修复方法，不补字，不描栏，不求全，因为有时某一字的模糊，或者某一段栏线的短缺，正是考订该版本的有力证据。

古籍修复技艺传至今日，已成为体系比较完善的专门技术，一些高校也开设了古籍修复专业，比较系统地培养修复技术人才，古籍修复工作的科学化、标准化和规范化正在逐步推进。但由于该专业有其特殊的技术特点，因此对从业人员要求颇高，明人周嘉胄在

《装潢志》中说古籍修复工作者“须具补天之手、贯虱之睛，灵慧虚合，心细如发”，“充此任者，乃不负托”[①]。“良工”不是一朝一夕可以练就的，需得拜名师、下苦工，方能慢慢掌握其中的精髓。从业人员必须具有灵敏的双手、良好的眼力、高超的技术及一定的文化修养，要有高度的社会责任感和认真负责、一丝不苟的工作态度才能胜任。

第二节　古籍的不同形制与装修特点

我国古籍的装帧形制，历经沿革，丰富多样，具有鲜明的民族特色，在不同的时代有不同的风格。一千多年的发展变化中，曾先后出现过卷轴装、折装、蝴蝶装、包背装、线装等各种形制，而古籍修复技术也随之不断发展变化。形成古籍不同形制的因素及各形制的装修特点，主要有以下几个方面。

一、为了阅读使用的方便促使装帧形式改变

1. 卷轴装

从有纸书开始一直到唐末五代，古籍的装帧形式都为卷轴装形式，这种形式是从简册和帛书的形制中演变过来的，阅读时，将书卷从右向左打开，随着阅读进度逐渐舒展，阅毕，将书卷从左向右随轴卷起，用卷首的丝带捆缚，置于书架之上。这种形制的书籍也称“卷子本”。敦煌石室中发现的大批唐五代写本图书，都采用这一形制。卷轴装的装修特点：把若干张书页粘连起来，成为一条长幅，

① 《装潢志图说》，山东画报出版社，2003 年。

然后把长幅的末端粘裹在一根木棍上作为轴，绕着轴心，将长幅从左向右卷起，右端用素纸做一包首，包首末端装一条眉贴，中间缝一条带，卷起后作捆缚。这种形式的卷轴装，一般书页为单层，背面无托纸。轴一般用木棍制成，木棍两端各露出书页 1.5 厘米左右（图 1–1）。

图 1–1　卷轴式书籍

随着社会的发展和人们对书籍阅读需求的增多，卷轴装的许多弊端逐步暴露出来，比如要看阅卷轴装书籍的中后部分时也要从头打开，看完后还要再卷起，十分麻烦。因此这种装帧形式逐渐消失，取而代之的是折装。

2. 折装

折装的出现大大方便了阅读，可以随意翻到想阅读的部分，而且也便于取放。这种装帧形式已完全脱离卷轴，以卷子长幅改作折叠，成为书本形式，使用较为方便。折装的装修特点：把书页粘接成一个长条，然后按一定宽度左右折叠起来，加上封面封底，形式如同折扇，可随意展读。这种形制的书籍一般无复背纸，如有复背纸，也多为较薄的棉连纸等（图 1–2）。

图 1-2　折装书籍

但折装也有缺点，就是折缝处容易断裂。于是出现了蝴蝶装。

3. 蝴蝶装

蝴蝶装简称“蝶装”，展开阅读时，书页犹如蝴蝶两翼飞舞，故名。蝴蝶装的装订方式与雕版印刷的一页一版的特点相配合，是书籍装订史上的一大进步。同时蝴蝶装书籍的使用也较折装书籍更方便，是宋元版书籍的主要形式。蝴蝶装古籍的装修特点：书页有字的一面朝里对折，书脊处用浆将书皮纸粘裹，整册书不用纸钉及穿线（图 1-3）。

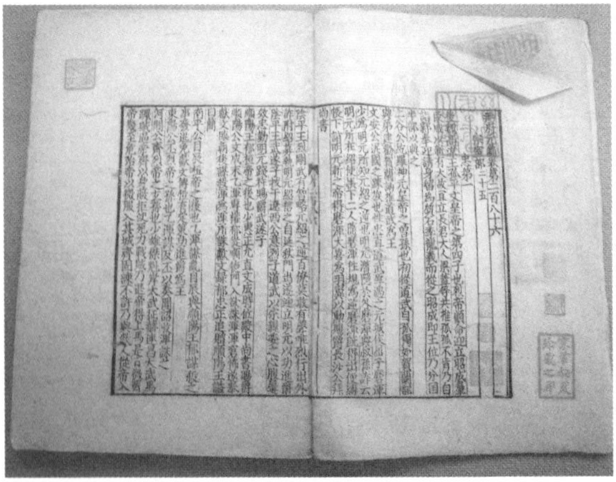

图 1-3　蝴蝶装书籍

由于蝴蝶装书籍不用纸捻钉及穿线，书页极易散页，而且翻阅时每次必须翻两页才能阅读，很不方便，因此这种装帧形式又逐渐为包背装所代替。

4. 包背装

包背装因用书皮将书背包裹而得名。这种装帧形式大约出现在南宋后期，流行于元代至明朝中叶，以后元、明、清历代，特别是政府官书，多取这种装式，如明代的《永乐大典》、清代的《四库全书》等就是如此。包背装有“软面”与“硬面”两种形式，软面包背装犹如现代的平装书，硬面包背装犹如现代的精装书。其装修特点：书页有字的一面向外折叠，书脑处用蚂蟥攀（纸钉）穿捻装订成册，软面包背装外加书衣包裹，硬面包背装上下各加一块纸板然后外加书衣包裹（图 1–4）。

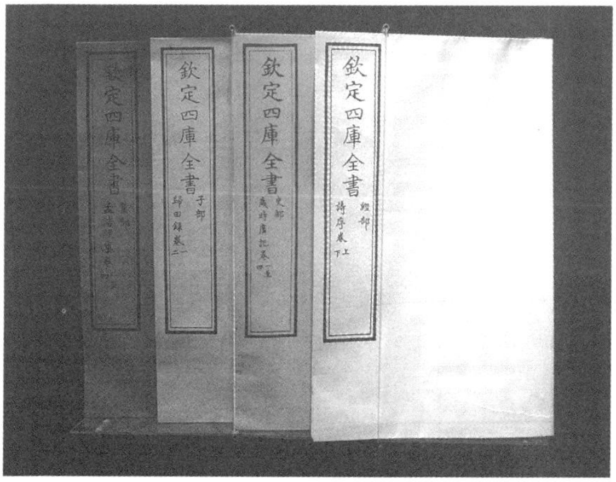

图 1–4　包背装书籍

包背装书籍使用虽然较蝴蝶装方便，但装订的工序仍较复杂，最终为线装所代替。

5. 线装

线装是传世古籍中最常用的装帧形式，其于明嘉靖以后才流行起来，清代基本采用这种装订方式。它与包背装的区别是，不用整幅书皮包背，而是前后各用一页书衣，打孔穿线，装订成册。线装的装修特点：书页版心向外折叠，书脑处先用纸钉将书页固定，而后再上下各加一页书皮打孔用丝线穿订。其特点是解决了蝴蝶装和包背装易于脱页、装订工序较为复杂的问题，同时翻阅方便，不易破散，又便于重新整修与保管（图 1–5）。

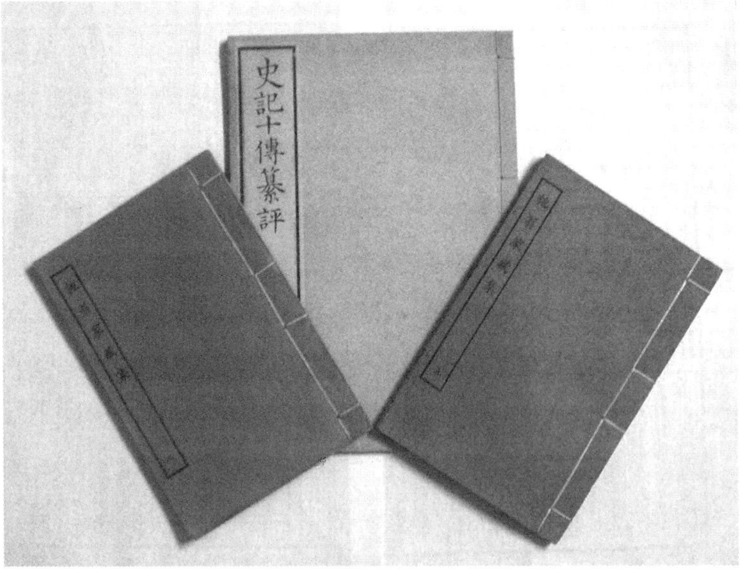

图 1–5　线装书籍

从以上可以看出，自有纸张以来，古籍的装帧形制一直在不断地发展变化，不同时期流行不同的形式，并始终与读书人的使用方便程度相关联。

二、为了文献的美观而对文献的形制作改变

除了上述为阅读使用的方便而使装帧形式发生改变，古籍形制

的变化，有时也出于美观需要。这方面有一个很能说明问题的例子，就是手卷。

图 1–6　手卷

手卷这种品式晋代就已经有了，它是由卷轴装（卷子本）演化而来的，是置于案上供人们边卷边观赏的一种装帧形制。手卷的横幅比较长，有数米乃至几十米，高度一般在三十到五十厘米之间。因不便于悬挂，只是用手边展开、边欣赏、边卷合，所以叫手卷。可以由一篇文章或一幅书画作品装裱成一卷，也可以由多幅文章或字画连缀起来合裱成一卷。手卷的装裱非常考究，其轴、带、包首、插扦等的色泽和制作都有一定的要求。据史料记载，晋代帛书的珊瑚轴、纸书的金轴是最好的卷轴，隋代以红琉璃轴为上品，绀琉璃轴为中品，漆轴为下品。发展到现代，一般手卷采用象牙、玉、骨等做成薄片镶在轴的两端（图 1–6）。

为了使古籍更为美观，除了对文献进行整体形制的改造，如手卷、册页、各种形制的书籍等之外，也有对原有文献形制进行局部处理的方法，如：线装书对书角进行包角以增加美观，册页封面使用红木、楠木及色彩古朴的古锦以增加美观等。

三、为了对古籍作保护而对书籍的形制作改变

古籍形制的变化，有时也和古籍保护的目的直接有关。这方面

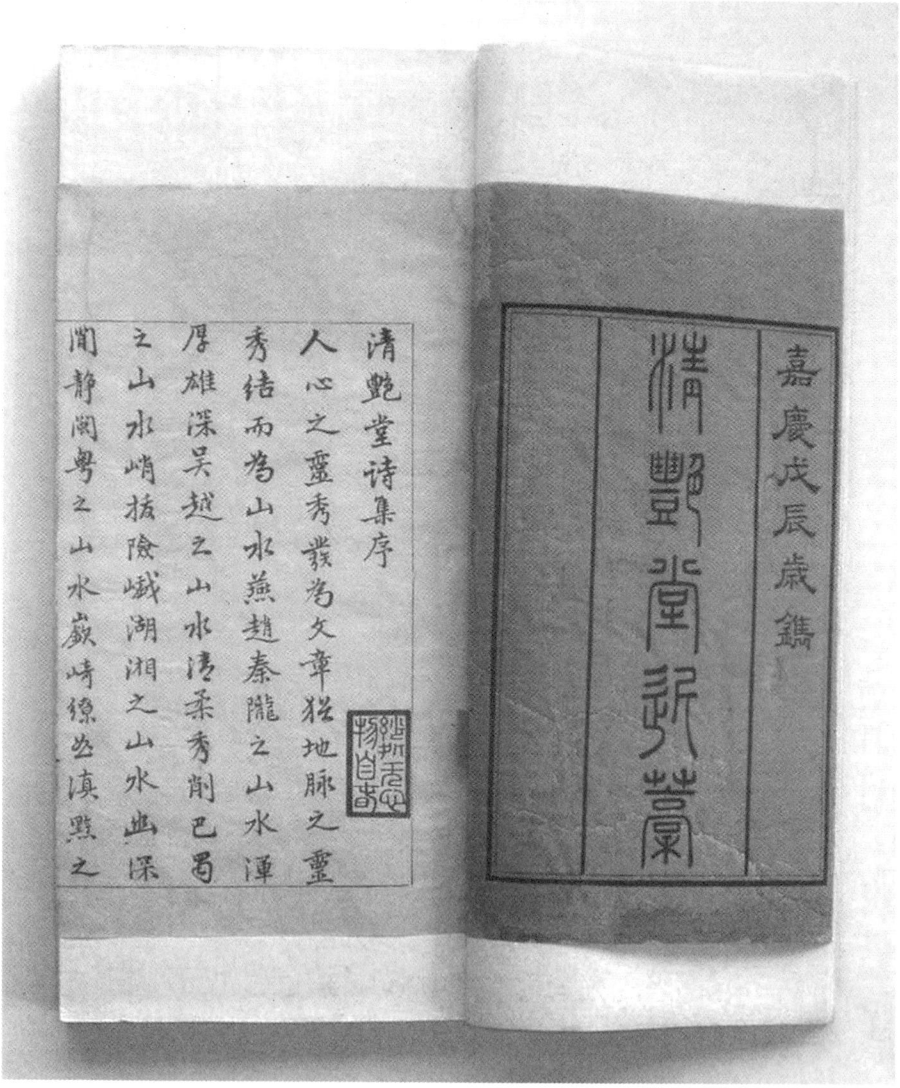
清艷堂诗集序
人心之靈秀蘊為文章猶地脈之靈
秀结而為山水燕趙秦隴之山水渾
厚雄深吴越之山水清柔秀削巴蜀
之山水峭拔險巇湖湘之山水幽深
閩静閩粤之山水嶔崎線幽滇黔之
嘉慶戊辰歲鐫
清艷堂近稾

图 1-7　金镶玉装书籍

最典型的例子，就是金镶玉装（图 1–7）。

金镶玉装又称“惜古衬”、“袍套装”，其意为一般纸旧色黄的古书镶上崭新洁白的纸，黄如金、白似玉，显得精致雅观，故称“金镶玉”；我国南方也称“惜古衬”，含有爱惜古书的意思；又称“袍套装”，意为衬纸大而书页小，犹如古人穿袍套。这种方法既能保护书籍，避免因使用过多的浆糊而对书有损，又能使原书焕然一新，显得精致美观，是历代古籍善本装修中经常使用的一种方法。具体而言，采用金镶玉装的方法保护古籍，主要体现在以下几个方面：

第一，有些破损书籍书口开裂，书页已现焦脆且薄，经溜口修补后书口锤平有困难，而如果采用托裱的方法进行修补，又会因使用过多的浆糊而对书有损，尤其在书籍为珍本，且书品较小的情况下，这时若采用质地细腻柔韧的绵连纸作衬纸，用金镶玉装的方法装修，就可以做到既不用浆而又能使书页平整，也间接地增加了原书页的柔韧度，从而延长保存和使用的周期。

第二，有些破损书籍书脑处过窄，不能打洞穿线，同时批注顶天立地，用金镶玉装的方法装修可以避免用浆修补，同时批注处也不易磨损，对保护书籍非常有利。

第三，有些破损古籍书页大小不等，特别是一些手稿，按一般古籍的装修方法很难装订，而采用金镶玉装的装修方法，就可以解决这个问题。

为了更好地保护书籍，除了像金镶玉装那样对书籍的整体形制作必要的改观，有时也会在原有的形制上作一些处理，如卷轴装加包首、册装加硬封面等，都是较常见的例子。

四、根据古籍内容信息对古籍作特定装帧

严格意义上的古籍，是指公元 1912 年以前刊印或手写并以传统

方式装帧的书籍原本。但实际上在国内外图书馆古籍部的收藏中，超出这一严格界定的文献所在多有。因此，宽泛意义上的“古籍”，如果根据其内容信息来划分，又大致可分为著述、书法墨迹、尺牍、拓片、档案等类，这些不同类型的古籍都有其特定的装帧形式。

古籍的装帧形式多样，其实归纳起来主要为三种：册式、卷式和片式。但内容类型不同的古籍，虽然其装帧形式都不出此三大类，具体来说还是各有一些特定的形式。例如：

著述类古籍多采用册式和卷式，前者多为线装、毛装、金镶玉装、软面包背装、硬面包背装、蝴蝶装等装帧形式，后者一般多为卷子装形式，与书法墨迹类文献的手卷形式稍有不同，较为简单。

尺牍类古籍基本上为册式装帧形式，包括翻版蝴蝶式和线装式。

书法墨迹类则三种装帧形式都有，其中册式为翻版蝴蝶式与推蓬式，卷式为手卷、立轴、横批，片式多为镜片。

拓片类古籍亦是三种装帧形式都有。其册式为五镶经折式，装裱方式与书法类、尺牍类文献的册式装稍有不同，书法类、尺牍类文献的册式装都为一页或两页作为一版装裱，而拓片类册式装以五页作为一版装裱形式为多；卷式装帧形式为立轴、横批，但装裱用料及款式有其特色，装裱比较单纯朴实，镶料常见的为纸镶料、绢通边，或绢镶料，都为浅色，而且天地与边的尺寸也较小，整个结构显得典雅古朴、短小精悍；片式装帧形式有时会采用折叠式，即蝴蝶式折叠方法。

第二讲　古籍修复所需设备、工具与材料

第一节　修复所需设备与工具

古人云：工欲善其事，必先利其器。要做好古籍修复工作，必须具备一些必要的设备与工具。只有设备齐全、工具合适，再加上丰富的材料、高超的技艺，才能在修复古籍时做到得心应手。下面介绍的是古籍修复时常用的一些设备与工具。

一、修复所需主要设备

1. 古籍修复工作室

修复古籍，因工作特殊，文献珍贵，最好有一间相对独立的工作室。修复工作室要求明亮宽敞，避免阳光直射，既使修复人员能看清破损处及纸面上的破洞、皱褶和脏物等，也可避免因阳光的照射而使材料及原件老化、褪色，影响质量。工作室的干湿度要适中。太潮湿，凉贴在墙上的裱件不易干透，易发霉褪色；太干燥，裱件上墙后，因收缩过快容易发生崩裂。工作室内外空气不宜直接对流，以免影响裱件自然收缩和干燥的要求。

2. 工作台（图 2-1）

古籍修复也需要一张坚固耐用的专用工作台。台面要求平整光

滑，无裂痕，无疤痕，无暴漆，耐水浸、水烫，耐酸碱腐蚀。台面颜色要求深色，以红色为佳，因浅色台面与纸、绫绢的颜色相接近，在进行补、镶、托、揭等工序时，难以分辨上浆是否均匀、原纸是否揭净、破洞是否补全等，影响操作。

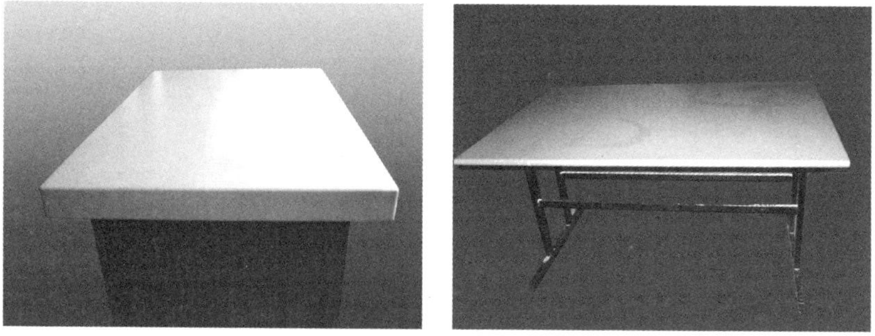

图 2–1　工作台

3. 贴板（图 2–2）

贴板用来晾干与绷平托裱后的裱件等，有移动的和固定的两种，移动的可用市场购买的夹板、复合板等制作或直接使用，固定的即在工作室的墙面上用夹板张贴后使用。

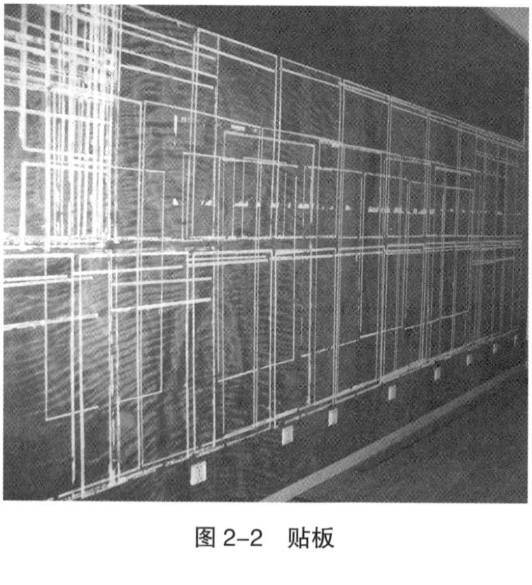

图 2–2　贴板

4. 压书机（图 2–3）

用于压平书页的一种专用机械。将修好的书页锤平对齐后上下用木板夹住，放在压书机内压平。如果无压书机，也可用石板等重物压平书页。

5. 切纸机（图 2–4）

用于裁切册页、纸板等的一种专用机械。如裁切书籍的话，仅能用于用衬纸的方法修复的书籍，旧书尤其是纸质较脆的旧书只能用手工裁切。

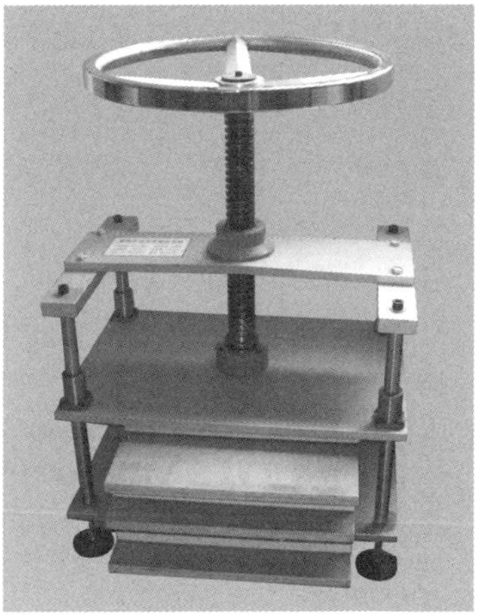

图 2–3　压书机

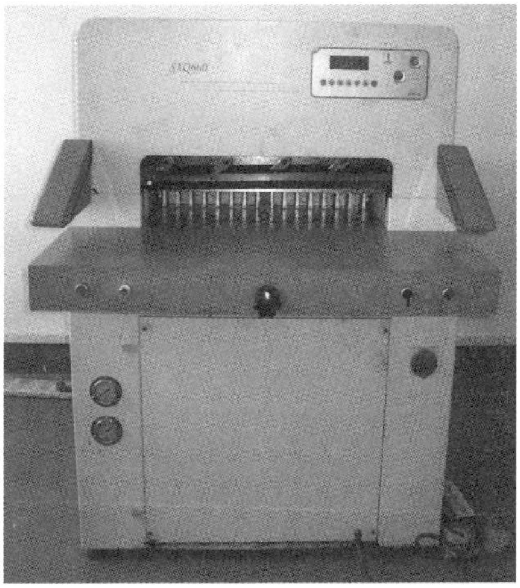

图 2–4　切纸机

二、修复所需主要工具

1. 浆笔（图 2–5）

浆笔在修补托裱刷浆时使用。有单支羊毫笔及多管羊毫笔两种，后者也称排笔。单支羊毫笔一般使用长锋大楷羊毫笔，用于补破；多管羊毫笔由若干支竹管羊毫笔并接而成，比较常见的有 6 管、8 管、20 管、24 管，用于托裱上浆。浆笔的质量要求：（1）排笔笔管

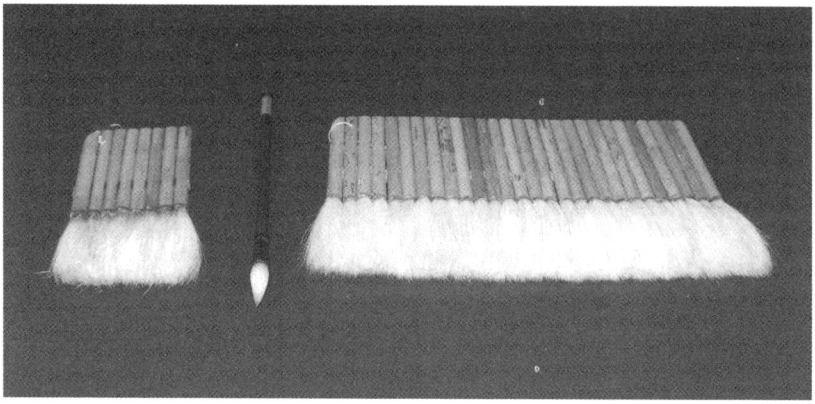

图 2–5　浆笔

排列平整、连接坚固结实，直径统一，约 1 厘米。（2）笔锋毛长约 7 厘米左右，色白质净，柔软而富有弹性。

由于目前市面上买的浆笔容易脱毛，因此最好对其稍作加工。方法：将新的浆笔放入盆内用温水浸泡，把笔锋泡开，晾干，清除其中的杂毛。在竹管与羊毛的交界处倾入少许清漆或胶水，以加固羊毛与笔管的粘合部位，防止脱毛、笔锋脱落（图 2–6）。

图 2–6　加固浆笔

浆笔宜阴干保存。使用后的浆笔洗净后应放到阴凉通风处晾干，不能放在太阳下晒干。也可将浆笔的笔锋浸在新鲜的浆水中，使浆笔一直保持湿润，待第二

图 2-7　棕刷

图 2-8　广刷

天再使用。

托裱修补文献，最好使用旧浆笔，因其杂毛都已掉尽，使用起来较为得心应手。

2. 棕刷（图 2-7）

棕刷也称排刷，托裱刷纸中使用，用细而匀的棕榈丝扎制而成。棕刷的质量要求：棕丝编结整齐不乱，扎结紧实不松散，软硬适中，富有弹性。

新的棕刷使用前需作开锋处理。方法：将棕刷的棕锋修剪平齐，两侧修剪出一些小弧度，再将棕刷放在粗砂纸或磨刀石上反复刷磨棕锋，使弧度圆滑不涩，再用细砂纸刷磨，使棕锋头圆滑，这样以后使用起来不易将纸刷毛、刷破。然后把棕刷放在盆里用碱水浸泡一会儿，再放在锅里煮 20 分钟，将棕丝里的棕粉清除干净，以免使用时棕刷里的棕粉把原件和纸染上黄迹。最后再用清水漂洗干净，晾干。

棕刷在每次使用前需浸浸水，使其柔软些，行刷时不容易将纸刷毛或刷破。使用后洗干净晾干待用。

3. 广刷（图 2-8）

广刷，托料、打浆口刷厚浆用。其柄用木料制成，木柄下部镶嵌约 3 厘米长的深色细棕，新买的广刷使用前需用锯子和刀削去包裹在细棕外面的木料，使棕露出约 1 厘米长。

4. 镊子、小针锥、铁锥子、竹刮子（图 2–9）

小针锥：补书页、扎眼等用。可自行制作，寻约 5 厘米长的圆木一根、缝衣针一根，将针的尾端插入圆木内两厘米左右即可使用。

镊子：补书页、托裱书画时挑除杂质等用。镊子的头为斜面尖头。

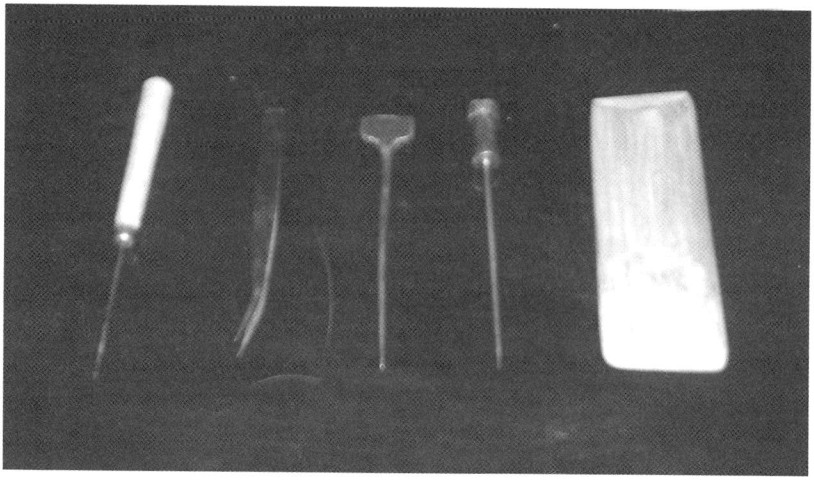

图 2–9　小针锥、镊子、铁锥子（两种）、竹刮子

铁锥子：打书眼用。长约 12 厘米，一端为约 2 厘米长的宽扁状（也可圆状），便于锤打和拔起锥子，另一端为长约 10 厘米、直径约 0.2 厘米的圆尖状。

竹刮子：书页折页时刮平书页用。

5. 刀具（图 2–10）

裁切纸张，剪平书页修补纸的余边，剪断绢、绫、丝线等用。可选购裱画专用刀具。一般有美工刀、马蹄刀、剪刀等。

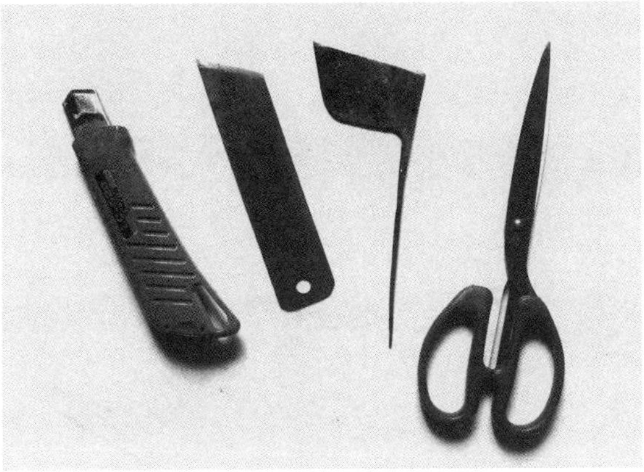

图 2-10　美工刀、马蹄刀、剪刀

6. 笔船（图 2-11）

也称笔槽，硬木制成，中间有槽，可放毛笔，书页画栏用。

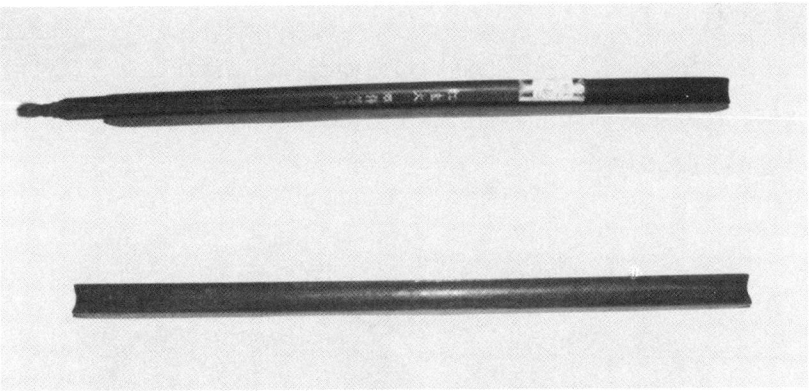

图 2-11　笔船

7. 竹起子（图 2-12）

起取贴板上的书页和裱件用。起子以竹片制作为多，一般可自行削制使用，长约 30 厘米、宽约 1.5 厘米，一端为便于手握的光滑

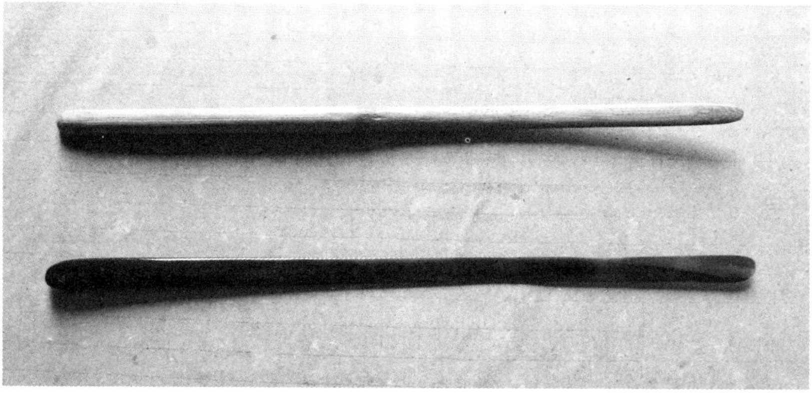

图 2–12 竹起子

的半圆形柄，到另一端逐渐扁平，顶端放在竹节处，以增加牢度，避免造成劈裂。起子一般需备两个，小的起子一端的起尖处竹片厚度不超过 0.1 厘米，用来揭破烂书页和较薄的裱件。大的起子一端的起尖处竹片厚度约 1.5 厘米。

8. *砑石*（图 2–13）

质地坚细、表面光滑的椭圆形鹅卵石。用以碾压或摩擦裱件的背面，使其密实而光滑，易于舒卷。砑石接触纸面的部位，以砑痕宽度 2–3 厘米为宜。

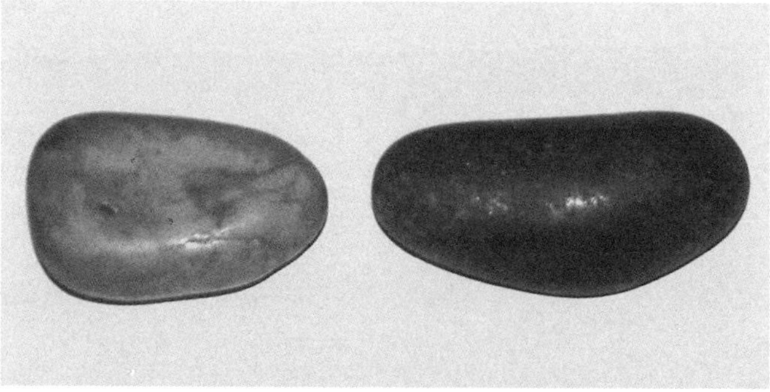

图 2–13 砑石

9. 其他工具

主要有喷壶、锯子、电钻、尖嘴钳、木锉、锤子、磨刀石、毛巾等。

三、工具使用操作练习及测评

1. 浆刷与棕刷的操作练习及测评

（1）准备工作

设备与工具：工作台、棕刷、浆刷、盆等。

材料：4 尺宣纸若干、浆糊等。

（2）操作练习任务：用浆刷与棕刷将 2 张宣纸托裱后上墙贴平。目的：练习并熟练掌握执浆刷的方法及浆刷的润水上浆的运行方法；练习并熟练掌握棕刷的刷纸方法。

（3）测评要点

① 浆刷润水行刷正确；棕刷刷纸力度适中，运行方向正确。

② 宣纸托裱平整，无破、无皱、无起壳重皮现象。

③ 宣纸上墙平整，四边沿浆处无皱褶。

2. 刀具的使用方法操练及测评

（1）准备工作

设备与工具：工作台、裁板、裁尺、裁刀等。

材料：宣纸一张、废报纸一叠。

（2）操作练习任务

任务一：用裁刀自宣纸长的一边开始，连续裁去宽一厘米的长条。目的：练习套刀（一刀接一刀）的裁切技法，掌握持刀正、运刀稳、用力轻的要领，防止走刀、啃尺、滑尺或用力过重。

任务二：用裁刀将 1–2 厘米厚的报纸的一边裁去一厘米。目的：练习裁齐较厚书籍天头地脚的技法，掌握持刀正、运刀稳的要领，防止走刀、斜刀。

（3）测评要点

① 宣纸裁切口平直，特别是套刀连接处平直，整条切口没有裁切的“缺口”和“小尾巴”纸屑。

② 裁好的报纸边口切面上下垂直，横切面平整。

第二节 修复所需材料

古籍修复对所用的修复材料要求非常高，修复时必须按照修复对象的材质特性来选配相应的材料，并选用能体现艺术美感的材料进行修复装饰，方能达到满意的修复效果。因此，各类修复材料的性能、如何正确地选配材料并进行恰当的加工运用，都是古籍修复工作的基础知识，是古籍修复工作者必须了解与掌握的。下面介绍的是古籍修复常用的一些材料。

一、纸

现今的纸可分为机制纸和手工制纸，机制纸有胶版纸、新闻纸、铜版纸等。而古籍用纸为手工制纸，即土纸，它的主要原料为大麻、麻布、树皮、嫩竹、稻草等，经手工制成。从西汉发明造纸，经过历朝历代的发展，手工制纸的品种越来越多，各种纸都有其不同的特点，我们应尽量了解和掌握它们的性能，以使古籍修复做到“整旧如旧”，恢复它原来的时代面貌。下面介绍几种古籍修复常用纸。

1. 旧纸：修补古籍一般应使用与原件纸张的颜色、质地、厚薄相接近的旧纸，这样修补的效果最佳。修复人员平时应注意收集、保存各种旧纸，如揭下的旧书页托纸、破损的护叶、原书页里的衬纸，乃至旧画揭裱时揭下的古旧复背纸等，这样一旦需要，便可随手拈来，配补而用。旧纸主要可收集以下几种：

（1）硬黄纸：属于桑皮纸，一面浅黄，一面深黄，蜡质涂色，厚实质密，保存时间长。唐人写经多用这种纸，后用作画轴引首。宋代写经所用硬黄纸，深黄，薄软，纤维细，帘纹明显。

（2）麻纸：原料主要为大麻、麻布。其质地细薄，纤维较长，受墨较好。麻纸分黄、白两种。黄麻纸色略黄，稍粗糙，有的较白麻纸略厚。白麻纸洁白光滑，背面比正面粗糙，且有草茎等粘附，质地细薄坚韧。宋代古籍刻本多用白麻纸，元代后期多用黄麻纸，明初仍沿用之。

（3）棉纸：分黄、白两种。白棉纸色白，质地细柔，纤维较多，韧性较强、受墨较好。黄棉纸色黄黑，韧性稍差，明前期古籍多用之。书写、印书、拓片用棉纸较多。

（4）旧竹纸：竹料纸是以刚生长三个月左右的嫩竹为原料用手工制成的纸。其纤维短，拉力小，因而质地稍脆，旧时多用来印书。

（5）旧宣纸：宣纸是用树皮、稻草等为原料制成的手工制纸，因产于安徽宣城而得名，至今仍流行（详情见下新纸部分介绍）。旧宣纸品种较多，印书及金石、书画册页，摹拓铜器、碑刻等方面都有广泛使用。历代古籍装修中多用一种纸质细薄柔软，纹路较深的罗纹纸来做册页框料、金镶玉衬纸等。

此外，旧纸中的笺纸，也就是信纸，尤其是古人专门设计定做的个人专用信纸，上面印有花纹、图谱等，也值得注意收集。

2. 新纸：旧纸由于存放时间较长，自身存在着不同程度的老化，用老化的旧纸去修补书页，虽然修补后外观上比较好看，但不结实。所以，如果无适当的旧纸，也可用新纸或经染色后的新纸代替使用。新纸主要有以下几种：

（1）新宣纸：宣纸质感绵韧、洁白细腻、吸水性好，是古文献修裱不可缺少的主要材料。宣纸的品种名目繁多，有几十甚至上百种。按尺寸有三尺、四尺、五尺、六尺、八尺、丈二、丈六等规格；按厚薄有棉连、单宣、重单宣、夹宣、二层夹、三层夹等；按纸纹有罗纹、龟纹、单丝缕、双丝缕等；生宣经过上胶矾、染色、洒金、涂云母、涂蜡等加工再制后，又有熟宣（上面涂过胶矾的宣纸，不能作装裱用纸）、色宣、虎皮宣、金银笺、云母笺、蜡笺等；另外还有按生产地命名的如高丽纸、山西棉纸、夹江宣纸、富阳宣纸等。修复古文献要做到使用与原件完全相同的修补纸很难，因此如果作古文献修复用纸，可根据不同需求选择合适的品种使用：第一，质地薄且柔软、纤维细密的宣纸。如棉连、扎花宣等，主要用作补书页、做护页、镶书页、衬纸、托裱手卷等。第二、质地稍厚且柔软，拉力大、吸水好的宣纸。如各种单宣、罗纹纸等，主要用作托裱、托料、做册页框料等。第三，加厚宣。如夹宣，主要用作大幅裱件及册页、镜片的复背。

（2）竹料纸：竹料纸的品种主要有连四纸、毛边纸、毛太纸、元书纸等。竹料纸可用来补书页和作装裱沿边纸、衬纸、护页等。

（3）皮纸（也称棉纸）：纤维较长、较松软，有的质地极薄、无帘纹，如温州棉纸、浙江皮纸等，主要用作修书页溜口、托裱书页及做纸捻钉。目前很少厂家生产。

此外，还有一种古籍专用的封皮纸，是用各类宣纸经托裱后使用，使用最多的为古铜色或瓷青色，也有虎皮宣、金银笺、云母笺、蜡笺、发笺等宣纸封皮。

二、绫、绢、锦、锦绫

1. 绫（也称花绫）：由蚕丝织成，上有花纹图案。质地细薄，料体轻柔。主要产地在江苏、浙江一带。花绫花纹图案众多（有梅、兰、竹、菊、云凤、云雀、云鹤、双凤、鸾雀、团花、磐花等)，颜色丰富(市场上所售的花绫，大都已染好颜色，有深浅米黄色、金黄色、深浅蓝色、湖色、深浅绿色、茶色、咖啡色、绛紫色、枣红色、深浅青灰色、灰色、银灰色等)，门幅有67厘米、82厘米、97厘米等几种规格。经用宣纸托裱后，可作书籍封皮、书籍包角、裱件镶料等用。

2. 绢：由丝织成的平纹织物，没有花纹图案。主要产地在浙江和苏州一带。品种很多，有(1)单丝绢，单丝单纬；(2)双丝绢，双丝双纬；(3)网绢，质地稀疏；(4)熟绢，又称矾绢，绢经过加工，涂上胶矾水，即成矾绢，利于书画之用，但容易脆断；(5)耿绢，质地透明的生丝绢，面平密实性硬，故称耿绢，是古籍修复中使用较多的。一般绢单幅门幅约85厘米，双幅门幅约135厘米。经用宣纸托裱染色后，可作书籍封面、书籍包角、裱件镶料等用。

3. 锦：由多种纯丝织成，色彩华丽，古朴典雅，质地厚实。锦的产地很多，有四川的蜀锦、广西的壮锦、苏杭的仿古锦等。现在我们用的大多是苏州生产的宋锦。锦可作书法墨迹装裱的锦眉、手卷包首、轴杆封头、册页封面、函套包面等用。锦作镶料时，不用宣纸托裱，而是在背面刷上一层厚浆，四边拉直，贴壁晾干后使用。

4. 锦绫(也称薄形锦)：其质地、厚薄和价格都介于绫和锦之间，是一般书法装裱的理想材料。作用同绫与锦。

三、书法墨迹装裱主要材料

1. 蜡：用黄蜡、白蜡各一半，加热后倒在容器里，冷却后的蜡块最为适用。用作裱件擦蜡研光。

2. 铜丝：铜丝直径约0.1厘米，用来制作穿挂画绳用的铜鼻(也称“鸡脚圈”、“絛圈”)。

3. 挂画绳：也称“绦”、“穿绳”，穿在铜鼻上的深棕色圆蜡绳。

4. 扎带：也称“结带”，挂画绳中间系的一条丝带，作捆扎卷起后的裱件用。

5. 上下杆：上杆也称“天杆”、“眉帖（米贴）”。天杆为直径1.2–1.5厘米的木条，一边为半圆形，装在立轴上端或横批两头，横批也有一种月牙杆，即用圆杆一剖为二制成的两根半圆的对杆。米贴为宽约0.5厘米的半圆形木条，装在手卷包首的一端。天杆要求平整挺直、粗细一致、不腐无蛀。

下杆也称“轴杆、地杆”，一般为直径3–4厘米左右的圆木棍，装在立轴下端。地杆要求杆圆、平整挺直、粗细一致、不腐无蛀。

6. 轴头、轴片：安装在下杆两头的两个把柄，称为“轴头”。现在一般装裱使用的轴头用杂木等制成，外面漆成黑色、原木色或仿红木色，形状有“圆柱形”、“竹节形”、“蘑菇形”等。装裱珍贵的书法墨迹时，也有用紫檀、红木、花梨木、黄杨木、象牙、牛角、玉石、瓷等轴头。

轴片也称“手卷轴头”，粘贴在手卷轴杆的两端，作装饰用。以玉制的为多，也有象牙、牛角等。其形状为圆柱形，轴片厚度约0.5厘米。

四、其他材料

1. 砂纸：打磨书籍修剪后的痕迹用。可备粗细两种。

2. 染料：主要用于染纸、绫绢及丝线等。必须是天然的植物染料或矿物染料，如赭石、藤黄、红茶、国画颜料等，切忌用一般染布匹的化学染料。

3. 丝线：穿订书籍用。根据书籍的厚薄，采用粗、中、细三种丝线。白色的丝线需经仿旧染色后使用。

4. 胶：染纸、托裱手卷等用。能使染色水色度均匀，染成的纸张颜色一致，不致发花。

5. 矾：即明矾，形态为结晶体，用矾矿矿石烧制而成。纸、绢上刷胶矾水，可以使其增加抗水能力，墨色上去不会向四周晕开。古文献修复中染纸、全色、托裱手卷等，胶、矾是不可缺少的。

6. 骨扦：也称“别子”，带的末尾所系长尖形的横物。多用兽骨制成，也有用玉石、竹、塑料等材料制作。用于手卷、函套等处，起紧捆作用。

7. 去污药水：高锰酸钾（$KMnO_4$）、草酸（$H_2C_2O_4$）、双氧水（H_2O_2）、漂白粉等。

8. 浆糊：可用精白面粉制作。

第三讲　修复材料的加工

古籍修复的材料有一些必须经过加工才能使用，如面粉之制成浆糊，绫、绢之加托宣纸等。对于各种材料的加工运用，都是修复工作的基础知识及基本技能，是修复工作者所必须掌握的。

第一节　浆糊制作

浆糊是修复古籍不可或缺并起着关键作用的材料，无论补、镶、托、装，都离不开浆糊。浆糊使用的好坏直接影响所修文献的质量和寿命，修复后的文献若发生虫蛀、发霉、皱褶、中空等，都可能与浆糊有关。修补古籍所使用的浆糊应粘性适中：粘性太差，则修裱后的文献过不长时间，浆性会减弱，修裱纸会自行脱开；粘性过强，又会使所修文献发硬，或使文献产生核桃形皱纹等。文献经修复后，纸张要柔软并具有可逆性，即修裱后纸张柔软且长时期不会起壳脱落，而需要重新修补时，用水喷湿即可揭去原修裱纸而不会损坏原件。

因此要学好古籍修复，一定要掌握好浆糊的制作和使用。

一、制浆原料及配料

古籍修复所用浆糊一般自行选料加工制作，各地由于地区不同，气候差异，制浆材料和加工方法略有差别。制浆的主要原料，北方一般多用去掉面筋的面粉，即小麦淀粉，而江南一带多用精白面粉。

制浆的主要配料为明矾（按每1kg小麦粉加入15g–20g明矾的比例使用），也有加适量的石碳酸，甲醛或二氯苯酚等，主要作用是延长浆糊的保存时间和防霉防虫，并能增加浆糊的粘性。但是这些配料对纸质具有不同程度的腐蚀作用，因此修复珍本古籍用浆一般不加配料。

二、浆糊种类

修复古籍用的浆糊，其稀稠度一定要调配适中，过稠或过稀都会带来不良的后果。用浆的稀稠度要根据修复的不同工序及不同纸质进行配制。浆糊调配的浓度大致可以分成三种：

1. 稠浆糊：制好的厚浆中稍加水或不加水调配。可用在装书籍封面、托料、装轴、粘连册页心子等处。

2. 半稠浆糊：制好的厚浆中加适量水成半流质。可用在刷贴壁浆口、拼接镶料等处。

3. 稀浆糊（又称浆水），可由厚浆稀释而成，也可直接冲调。用在修书页、托裱书画等处。

古籍修复具体使用哪种浓度的浆糊，要看修复工序、纸质及纸张的厚度而决定，需要积累一定的操作经验才能真正掌握好。

三、制浆技法

各地由于地区不同，气候条件不同，浆糊的制作技法也有所不同。主要有沸水直接冲制和用锅熬制两种方法。沸水直接冲制法较方便，南方一般用此法。这里介绍沸水直接冲制法。

1. 制浆流程图

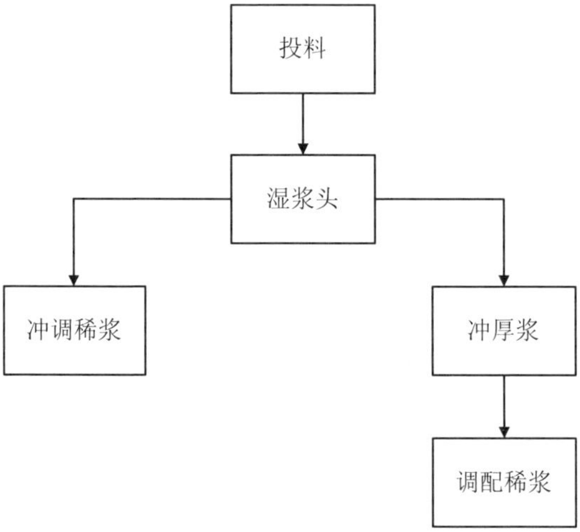

2. 制浆方法和步骤

（1）投料与湿浆头

将制浆的原料精白面粉或去除面筋的小麦淀粉放入制糊盆，加少许约40℃温水，用木棍搅拌均匀，使其成稠糊状，且无颗粒（图3–1）。

（2）冲制厚浆

① 冲制

取刚烧开的沸水徐徐冲入制糊盆，边冲入沸水边用木棍顺着一个方向快速搅拌，使浆和沸水充分调和，直至浆由薄变厚，由白变黄，渐渐冲熟，提起木棍浆糊能拉出丝为止。（图3–2）。然后用木棍继续用力搅拌，直至发出光亮（图3–3）。待浆糊冷却后结成块，即成厚浆。如果冲浆后其颜色没有完全变黄，说明冲的不够熟，可以在浆中加入沸水捂一会，然后将沸水倒去，用木棍再继续用力搅拌，反复几次，至其颜色变黄，发出光亮为止。

浆打好后，将浆面抹平，倒入一些清水，使清水约高出浆面2–3

图 3–1　投料湿浆头

图 3–2　冲制

图 3–3　搅拌

厘米。每天更换清水，这样浆糊表面不会结皮硬化，又因水使浆糊与空气隔绝，不易发霉变质。

② 配制稀浆

用竹起子如切豆腐般，将所需的厚浆糊块切下，取出放在另一盆里（注意取糊忌用手掏，否则厚浆糊会澥，变成稀糊，不易换水保鲜），然后用细木棒将其捣烂，使其成稠糊状。徐徐兑入少许清水（忌一次加水量过大，否则不易搅匀，会出现疙瘩，影响使用），边兑水边用木棒搅拌，直至调配成所需浓度的浆糊。

（3）直接冲制稀浆

稀浆也可直接冲制。方法：将制浆的原料精白面粉或去除面筋的小麦淀粉放入制糊盆后，加少许清水，用木棍搅拌均匀，使其成稠糊状，且无颗粒，然后取刚烧开的沸水徐徐冲入制糊盆，边冲入沸水边用木棍顺着一个方向快速搅拌，使浆和沸

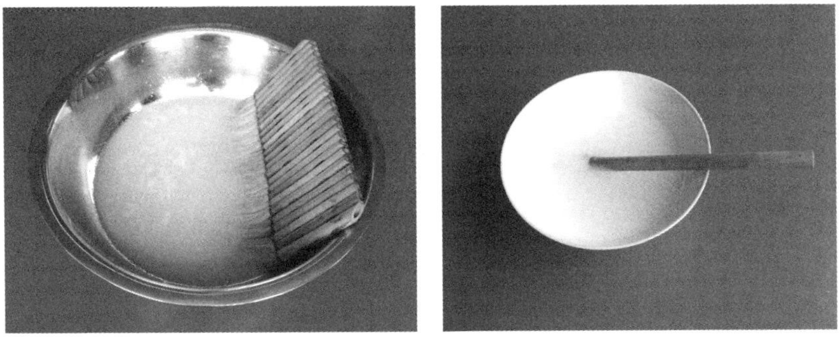

图 3–4　稀浆

水充分调和，浆水变成黄色即已冲熟，再兑水调配成所需浓度的浆糊（图 3–4）。

3. 浆糊制作质量要求

（1）浆糊要求制熟，即制成的浆糊需浆色发黄有光亮。

（2）浆糊中要求无糊块，即无一粒一粒“小疙瘩”。

四、浆糊的使用

浆糊使用正确与否，直接关系到文献修复的质量。使用浆糊要注意：

1. 浆水中的浆糊会沉淀，因此浆水每次使用前都要用浆笔兜底搅拌。

2. 刚冲好的热浆糊不能马上就用，要等冷却后再使用。因刚冲好的浆糊，虽然已冲熟调和，但其中有许多糊块、粉粒还没有彻底溶化，在热糊中还在继续膨化，活动性较大。热浆糊托料会影响绫绢的柔软度；染色会使颜色不均匀；托心、托复背等会产生僵硬，造成折痕等。

3. 浆水在使用过程中要注意经常更换，隔宿多日的宿浆水以及发酵的浆糊不能用，一则有些修复对象较脏会污染浆水，二则这种浆糊由于糊中淀粉分解，粘度减低，用此浆糊托裱修复文献容易使裱件起空。

第二节　绫、绢及锦绫托裱

绫、绢、锦绫是古籍修复中的主要材料之一，可作书籍的封面、装裱中的镶料等用。由于其质地绵软，皱褶不平，因此必须在其背面加托一层宣纸，使之加厚定型，方能使用。绫、绢、锦绫的托裱是学习古籍修复必须掌握的一项基本技能。

一、托绫流程图

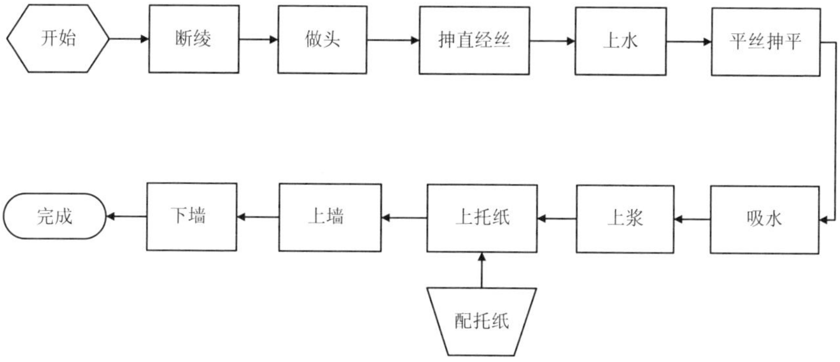

二、操作步骤及方法——以花绫为例

1. 断绫

将成匹的绫按需要量好长度(一般可取 2 米)，在需断开处用剪刀剪一小口(图 3-5)，自小口处捏住一根纬丝将其慢慢抽出

图 3–5　剪小口

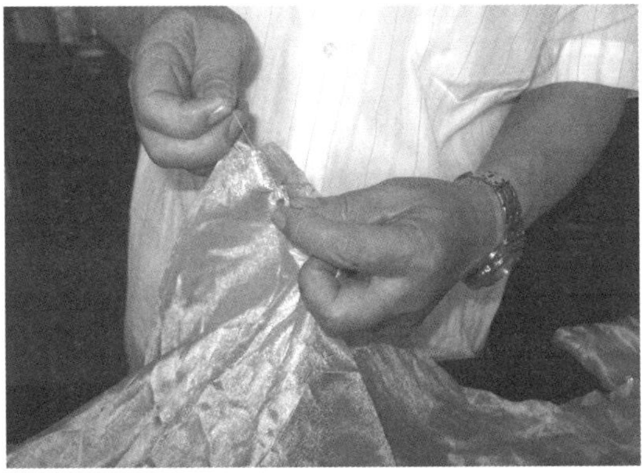

图 3–6　抽丝

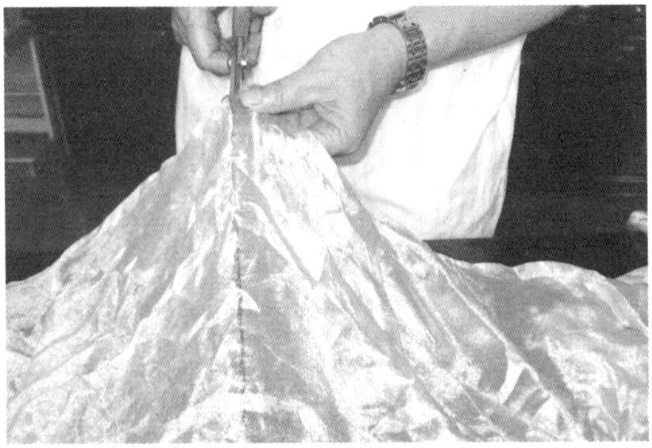

图 3–7　断开

（图 3–6），沿着抽掉丝的痕迹用剪刀将绫剪开（图 3–7）。

绢可在需断开处用剪刀剪一小口后直接用手扯开。

2. 配托纸

根据所断绫的长度，选配相应长度的单宣，用马蹄刀剔除宣纸上的杂质。如需两张宣纸相接，将宣纸两端裁齐，裁去红印记，以便托纸相接（图 3–8）。锦绫因料体较厚，所用的托纸需采用较薄的宣纸。

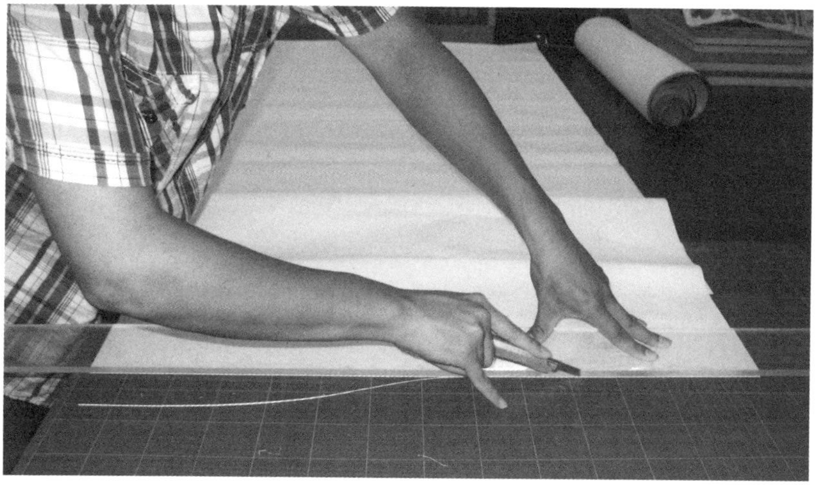

图 3–8 裁齐宣纸两端

3. 做头、抻直经丝

将断下的绫正面朝下铺在台上，花型突出或明花暗底的一面为正面，绢无正反面。将绫的一条长边和一头分别靠近工作台的两条边，用排笔在绫的一头刷 10–15 厘米宽的清水，用手指将刷过水的绫上下抻直，用毛巾吸去多余的水，使绫的一头固定在台上，然后用排笔蘸清水在绫的另一头同样刷 10–15 厘米宽的清水，使绫两头紧贴在台面上，用手指将绫绢的经丝抻直（图 3–9）。

图 3–9　做头、抻直经丝

4. 上水平丝

用排笔蘸清水将全段绫刷湿（图 3–10），用手指在绫的上下两侧和左右两头将绫的经纬丝抻平抻直，使绫的丝缕花纹横竖垂直（图 3–11）。

5. 吸水

用一块稍大的毛巾浸水后挤干，两手提着毛巾的两头，在绫上

图 3–10　上水

图 3-11　平丝

按从右向左顺序轻轻地甩吸。毛巾吸水过多的话则可拧干后再吸，直至将绫上的水分吸干（图 3-12）。

绢可直接用毛巾擦吸。

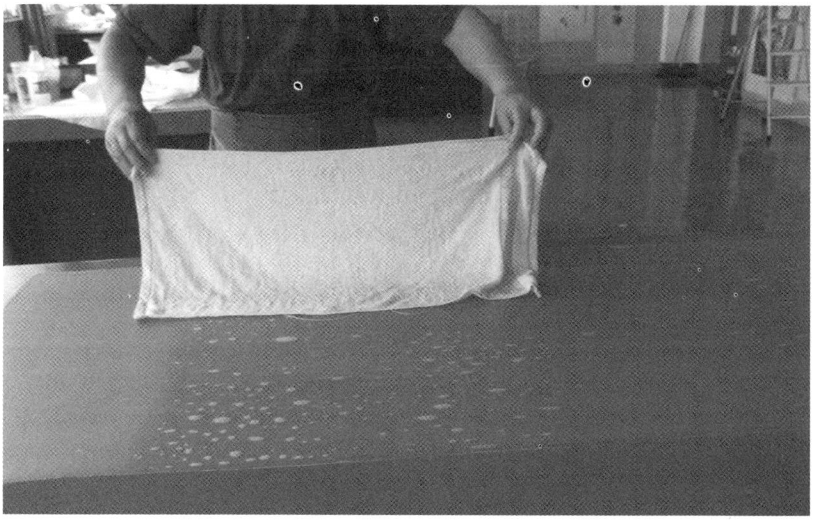

图 3-12　吸水

6. 上浆

（1）上浆

用广刷或棕刷将稠浆均匀地轻刷于绫上，刷时先上下运行刷，再左右运行刷，使绫绢的每一部位都刷到浆糊。刷完浆后，冲着光线检查一遍，看看浆糊是否刷得均匀，如有漏刷或堆浆，再予补刷调整（图 3–13）。

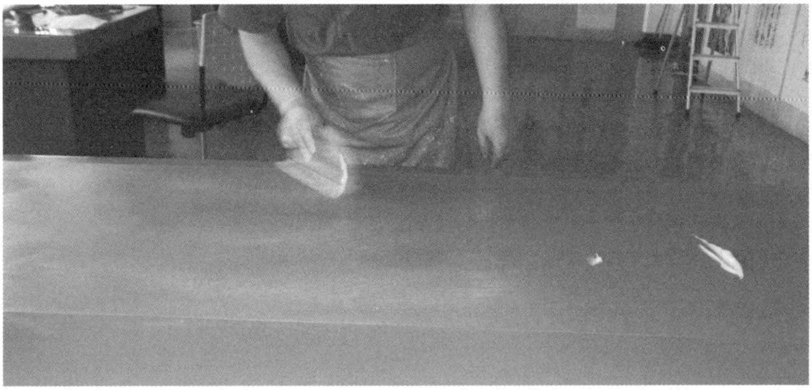

图 3–13　上浆

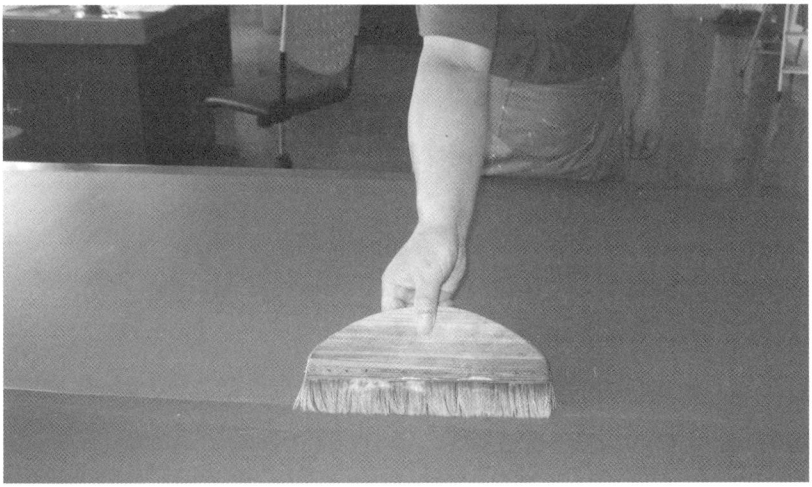

图 3–14　光浆

（2）光浆

用棕刷刮去浆排笔上的水分，在浆排笔上添上稠浆，理顺笔锋，在绫上从上而下笔笔相接轻拖一遍，每拖一下，排笔转面再拖一下，以免笔锋散开，笔路不匀（图 3–14）。如发现绫上有刷子毛或其他杂质，用针锥或镊子将其取出。

7. 上托纸

将配好的托纸卷起，左手持托纸卷，右手持棕刷，把托纸卷对准绫的边口舒展开一段托纸，将托纸右上角的一点着案，并与绫的上边际相平行，右手持纸的右下角着案，同时左手将托纸卷轻轻提起，右手持棕刷将纸自右向左刷覆在绫上。刷完一张托纸，在纸的接口部位抹上一丝稍稠浆糊，将第二张托纸按上法接托上去，托纸间的接口宽度约在 0.15 厘米左右。托完全部纸后，用棕刷再排刷一遍，接口处用棕刷笃实，使托纸与绫完全粘合（图 3–15）。

图 3–15　上托纸

图 3–16 上贴板

图 3–17 下墙

8. 上贴板

用隔糊纸（可用胶片 30×18cm 大小）作衬垫，在上好托纸的绫的反面四周边沿刷上约 1 厘米宽的稍稠浆糊，作贴壁浆口，同时在绫的下侧或右侧浆口部位贴一拇指大小的纸条，作下壁起口，然后两手将绫揭起，面朝外粘贴在贴板上，四周用棕刷排实。排实前在绫的一侧揭开一处，往里吹些气，这样下壁时容易起下（图 3–16）。

如果绫绢较长，可两人合作。

9. 下墙

将竹起子插入起纸口，先轻轻地起开下边和右边相邻的两个边，然后两手持已掀开的右下角，以一定的角度向对角慢慢扯开另外两边。如绫子较长，先将下面已揭开的部分卷起，然后边卷边扯，将绫子起下（图 3–17）。

三、绫绢托裱注意事项

1. 托绫绢所用浆糊的稀稠度一定要适中：如果浆太稠，绫绢容易变形，影响使用；如果浆太稀，则容易出现托纸脱落现象，而且绫绢的裁口处容易出现毛边或拖丝现象。

2. 托绫绢时，需用多少托多少，因为久存的托料容易导致裱件变形。

四、绫子托裱质量的要求

1. 托裱好的绫子须柔软不僵硬，绫与托纸粘合紧密不起壳重皮。

2. 绫子托裱平整无皱褶，托纸不歪斜。

3. 托好的绫子正面有光亮，绫的正反面无颠倒。

第三节　材料染制方法

古籍历时既久，受风尘、烟熏、阳光的侵蚀，泛成各种古旧色气。修复古籍，为求美观及更好的艺术效果，往往要对修补上去的纸张及镶料进行仿古染色。染色用的颜料主要为矿物质和植物质，忌用化学染料。矿物质颜料一般不褪色，以国画颜料为主。古籍修复中使用较多的为仿旧染色，下面以仿古铜色为例介绍几种染制方法。

一、准备工作

1. 染料：红茶汁，赭石，藤黄，花青（也可用黑色国画颜料），骨胶（胶可分为动物胶、植物胶、牛皮胶、骨胶和树胶，现今以骨胶为多，其形态为黄褐色颗粒状，染色水中加适量的胶水可促使色质均匀，避免出现花斑，骨胶用量的比例约为 1g 胶加 60ml 水）（图 3–18）。

2. 将红茶煮成汁，用纱布将茶叶滤去。赭石、藤黄等颜料若是块状的用冷水浸泡（管装颜料不用浸泡），骨胶用热水浸泡。

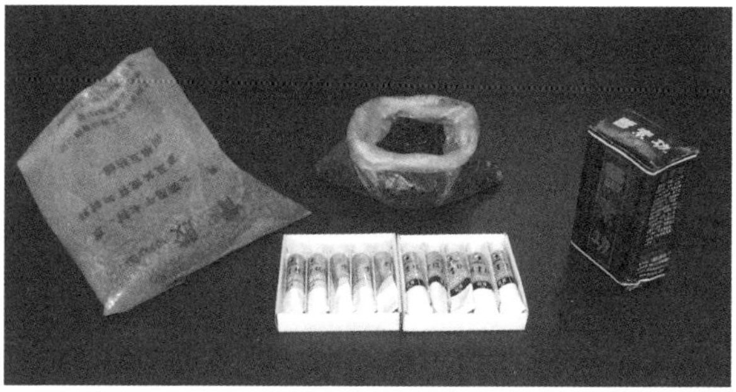

图 3–18　染料

二、配制染色水

1. 操作流程图：

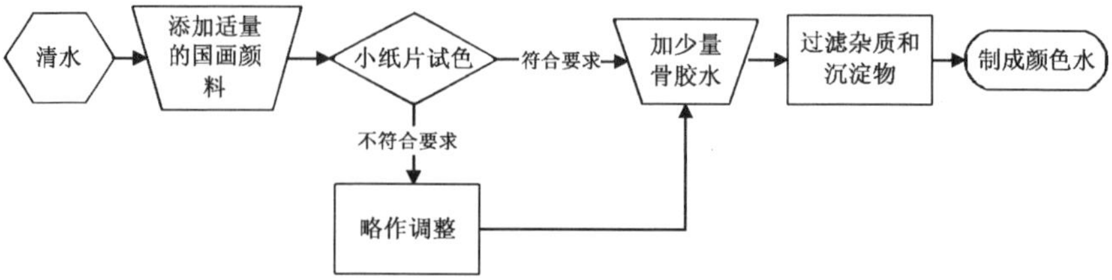

2. 染色水配制步骤与方法

把浸泡融化的颜料根据需要放进盛有清水的水盆中搅拌并不断作调整，观察盆中水的颜色是否达到所需之色，然后取一小条纸，将其一半浸入色水后提起，对折吸去水分，仔细观察纸的颜色与所需之色，如有差异则略作调整，直到满意为止。再加少量的骨胶水，用过滤网滤去杂质和沉淀物即可。

如果染制稍淡的仿旧色，特别是染制修书页的竹纸，也可直接使用红茶汁染制。

三、染制方法

1. 纸的染制

（1）单张宣纸的染制

方法一：刷染

先将宣纸（10 张左右）一张接一张地卷成一卷，然后取一张宣纸铺平在工作台上，用排笔蘸上颜色水，在宣纸上从右向左上下均匀的刷颜料水，刷到末端留 3 厘米左右的白边，以便染好色之后作为废边搭杆晾干。然后用上托纸的方法再刷一层宣纸，同样刷上染色水，以此类推，依次染完数张宣纸。注意上色要匀，水分不要过多。然后将整叠宣纸翻身排刷一遍，稍等片刻，让颜色水在纸上相互渗透。最后在留出的白边上刷一点稠浆，将其一页一页分别粘贴在一根根细木棍上晾干即可。

如果染纸质拉力较差的竹纸类纸，也可按上法染完数十张纸后，分成 5、6 张一叠，搭在竹竿上晾，待稍干后，揭成一页一页。

方法二：拉染

如果染纸量较大，对颜色均匀度要求较高，也可采用拉染的方法。将颜色水倒在槽内，把宣纸一头粘贴在细木棒上，手持细木棒将宣纸浸入槽中，保持木棒在水面上方 3 厘米左右高度为宜。将宣纸从颜色水的水面上经过拉起，然后晾在架子上。

（2）整刀纸的染制：此法主要用来染制溜口的棉纸。将整刀棉纸放在槽内，将染色水倒在纸上，用手压一压，使水分浸透棉纸，然后一叠一叠搭在竹竿上晾，稍干后，揭成一页一页。

2. 绫绢的染制

（1）清染法。操作步骤与托绫相同，只是托绫用的清水改成染色水。用此法染制绫绢能保持绫绢原有的光泽，是一种常用的浅色染制法。

（2）干染法。先将绫绢托好后再进行染制。方法：将托好晾干的绫绢托纸面向上平铺在裱台上，用排笔均匀地刷上颜色水，然后把上过色的绫绢起身翻面，用排笔蘸少许颜色水，将绫绢正面朝上刷平于裱台上，染色不匀处多刷几下。将绫绢移到别处，擦干净台面，稍等片刻，再将其纸面朝上，用棕刷刷平于裱台上，四周拍浆上墙。此法是一种常用的染制法。

（3）浑染法。根据所需要的色泽，调配好适量高浓度的染色水，将其掺入厚浆内，再加入适量的胶水，调制成颜色浆糊，即可以染色和托绫两道工序同步完成。此法虽然方便，初学者也易掌握，但托成后的绫绢光泽不如清染法，而且一旦上浆不匀，会导致绫绢的颜色不匀。

第四讲　修复的各种技法

古籍修复是一门手工操作的工艺，修复工作难度很大，工序繁多，修得不好，还会越修越坏，所以古代有些藏书家决不肯随便找人修古籍，他们的主张："不遇良工，宁存古物。"因此文献修复工作者必须经过严格的培训和精心传授，并且以高度的责任心，下功夫苦练摸索，不断提高自己的修复技能，精益求精，才能做好此项工作。

古籍无论是何种形制，也无论损坏程度如何，其修复手法往往相通，有许多技法都是相同的。以下分修补、托裱、揭裱、去污四个方面，介绍通用的古籍修复技法。

第一节　修补技法

古籍常因使用保管不当而破损，如撕裂、虫蛀鼠咬等都是常见的肇因。遇到这种情况，必须将之修补完整，才能更好地保存和利用。古籍修补即用与需修文献的纸质、颜色、厚薄相同的纸将破损处修补好，使其完整无缺。修补技能是古籍修复中最基本、最重要的技能，是学习古籍修复必须掌握的一项主要技能。

一、修补的几种技法

1. 溜口技法

用棉纸修补开裂书口的方法，行话称“溜口”(图 4–1)。操作步骤与方法：

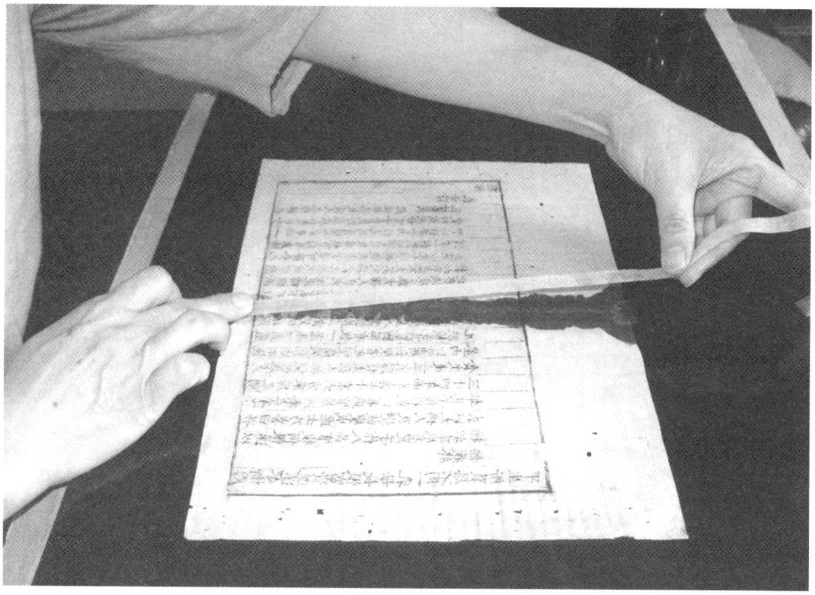

图 4–1　溜口

(1)铺放书页

将开裂的书页背面向上展放在工作台上，将开裂处对齐并拢，注意切忌两个半页搭茬或者上下错位。

(2)抹浆

用左手手指压住书页，勿使其移动，右手持蘸过稀浆水的毛笔顺开裂处上下均匀地涂抹约 1 厘米宽，如果开裂处有破损，则在破损边沿也抹上稀浆水。

（3）溜口

取一条约1厘米宽的溜口棉纸，一手捏住其上端，另一手持其下部，将溜口条轻轻地从下到上贴在书口上，再用右手中指在溜口条上轻点几下，使其固定，用一张厚的吸水纸垫在上面，用手在吸水纸上来回按抚，使溜口条和开裂处粘平，然后两手持书页的两边同时慢慢地从桌上提起，放于吸水纸上，边修边将修好的书页相错两三厘米错落排放，五六页为一层，垫上一张吸水纸，如此继续修补排放。

溜口技法除了用于修补书口以外，也可用于修补破碎过多的书页。方法：先将碎片正面朝上放在台上，依照文字将书页对齐拼拢，在开裂处抹稀浆糊，用棉纸条粘住，待碎片全部拼好后，将书页翻转再补背面，待补完后再将正面的纸条揭去。如果纸条已干，不易揭去，可喷一些水再揭。这种方法可避免将字对斜对歪。

溜口需注意的地方及小技巧：

① 为了减小厚度，易于锤平，溜口纸多采用较薄的棉纸，使用之前须按纸的竖纹（反之会降低纸的牢度）裁成宽约1厘米的小条。

② 溜口纸的颜色也有要求，因棉纸一般多为白色，如遇修补黄色书页时，要将棉纸染色后使用，否则修好后书口处泛白不美观。

③ 无论书页如何破烂，只要不需用托裱修复，书口处若有破损，修补时就须先进行书口的补破、溜口，然后再修补书页其他部位的破损处，即先补中间部位，再补其他部位，否则由于浆糊的作用，书口不易对齐。

④ 有些书页溜口后会出现浆水的水迹，修补完后可随手用喷水壶喷少许水，使其微微湿润，待干后水迹自去。

⑤ 如果书页容易跑墨、烘色，不宜直接在书页上刷浆水，可将浆水刷在溜口纸上，然后在溜口纸背面垫一张宣纸吸去多余水分，

再进行溜口操作。

⑥ 如遇两面有字的开裂书页，可取与书页同样颜色、比书页稍薄的棉纸（或其他较有韧性的纸），将其裁成约 0.5 厘米宽的纸条，先在书页的一面，用笔蘸稀浆糊抹在开裂处无字的地方，然后用纸条一点一点将开裂处无字的地方补好。补好一面后，将书页翻过来，在书页的另一面，以同样的方法，用纸条将开裂处无字的地方补好。这样，经过两面修补后，书页就牢固了。

2. 补洞技法

用修补纸将被虫蛀鼠咬等造成孔洞的书页修补完好的方法即为补洞（图 4–2）。

图 4–2　补洞

操作步骤与方法：

（1）去污

先将孔洞周围的虫屎等各种杂质清除掉，以避免其再次污染书页。

（2）抹浆

将有孔洞的书页，背面向上放在工作台上，左手指压住纸张，右手持浆笔沿孔洞周围抹上稀浆糊。

（3）上修补纸

把颜色、纸质、厚薄与之相近的修补纸按在涂了浆的洞口上，按时要使粘贴上去的修补纸帘纹与书页的帘纹横竖相一致。

（4）撕补纸

一手按住纸与孔洞边的接缝处，另一手沿着浆湿印把多余的纸撕下来，并使修补纸与书页的粘结部位尽可能少一些，以利锤平。如果纸厚不易撕下，可用笔蘸水在纸与孔洞边的接缝处划一湿印，这样就容易撕了。

（5）抚平排放

垫上吸水纸，将修好的书页用手按抚平整，放在吸水纸上，每张相错两三厘米错落摆放，五六页为一层，垫上一张吸水纸，如此继续修补摆放。

补洞需注意的地方及小技巧：

（1）修补纸与书页相接处应为毛茬，毛茬粘接更加牢固美观。

（2）如遇书页修补后出现浆水的水迹，就随手用喷水壶喷少许水，使其微微湿润，去除水迹。

（3）补洞刷浆时注意保持书页的平整，不能将书页刷变形。

（4）补洞应先补中间后补两边，先补大洞后补小洞，否则会出现不平的现象。

（5）小洞补过三五个后就应将书页提起一下，大洞则应补完一处即提起一下，以防书页粘在桌面上。如果书页较薄或破损严重，不易提离桌面的，可先在桌上用清水刷贴一张塑料薄膜，而后在塑料薄膜上进行操作，操作完后将书页和塑料薄膜一起翻身，再将塑料薄膜揭去即可。

3. 挖补技法

挖补也称“搓补”。有些原件需要拼接，或对原被挖款、移动印记的部分作恢复等，都可使用挖补的方法进行修复。用这个方法，修补处不易看出，如果修补用纸与原件相同，则效果更佳（图4–3）。操作步骤与方法：

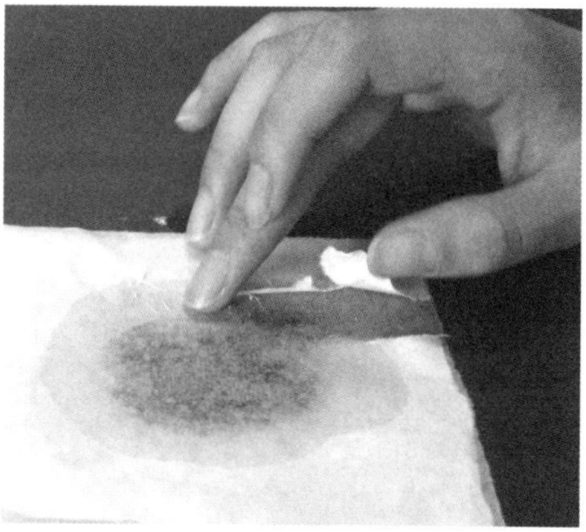

图4–3　挖补

（1）搓口子

把原件正面朝下平铺在工作台上，将需挖补或者拼接的地方用笔蘸清水打潮，趁潮润未干时，用手指在挖补处由完好部位向补的洞口（或边际）方向慢慢地搓磨，或用锋利的马蹄刀由完好部位向补的洞口（或边际）方向慢慢刮透挖补处，再将挖补处四周或边际搓成斜坡，即做成“口子”。

（2）抹浆

用浆笔在“口子”的边沿抹上稀浆糊。

（3）补拼

把需要补上去的字、印记等修补纸，对准帘纹，覆盖在挖补处，垫上吸水纸或用棕刷轻轻刷平。

（4）搓余纸

用笔蘸清水沿着口子的边际将修补纸润一遍，使“口子”的轮廓清晰可见，然后趁湿用手指或马蹄刀将挖补处的补纸由洞口（或边际）向外慢慢地搓磨，将多余部分搓掉或刮去，使修补纸与“口子”边沿的毛茬相对，再搓平接口，使接口处与原件纸的厚薄接近。

注意，凡经挖补的裱件托裱后，不能立即上板绷平，那样容易崩裂。应先晾干，再洒水闷润，上板绷平。

二、修补技法操作质量要求

1. 溜口技法操作质量要求

（1）用浆稀稠适当，溜过口的地方不缩不皱，平整洁净。

（2）拼缝平整密缝，无皱褶，开裂处无搭茬或者上下错位。

（3）书口折叠后无起刺也无喇叭口现象。

（4）书页上无修补后的水渍印。

2. 补洞技法操作质量要求

（1）修补完后书页页面平整无皱褶、无变形。

（2）修补纸与洞口接缝约3毫米，而且修补纸为毛茬相粘，同时修补纸正反面安放正确，即修补纸为正面粘贴在书页的背面。

（3）用浆稀稠适当，修补过的地方不缩不皱，平整洁净。

（4）书页上无修补后的水渍印。

（5）修补纸与原件色调协调，深浅适宜。

3. 挖补技法操作质量要求

（1）幅面修补平整，无皱褶、无变形。

（2）无搓破、搓薄的现象。

（3）如补上去的纸为空白，则其纸纹与原件纸的纸纹须一致。

（4）挖补处不显移补之迹为最佳。

第二节　托裱技法

古籍在修复时，如遇原件风化焦脆、发霉发酵，纸的纤维失去韧性，或蛀孔连成一片等情况，均需采用托裱的方法进行修复。装裱拓片、信札、书法墨迹等时，也要用到这一技法。

一、托裱的几种技法

1. 湿托（也称直托）

湿托即在原件上刷浆，再将托纸刷上原件的技法。

湿托裱件时要注意，操作前须先辨别该裱件是否适用湿托法，可用笔蘸一点点水涂在墨色或颜色上，观察是否会走墨退色，不会走墨退色即可采用此法。

（1）书页等小幅文献湿托技法

① 铺塑料纸

工作台上洒一些水，将一块比裱件稍大的塑料薄膜刷平吸附在工作台上（使用塑料薄膜或油纸可防止腐烂的裱件粘贴在桌面上提不起来）（图 4–4）。

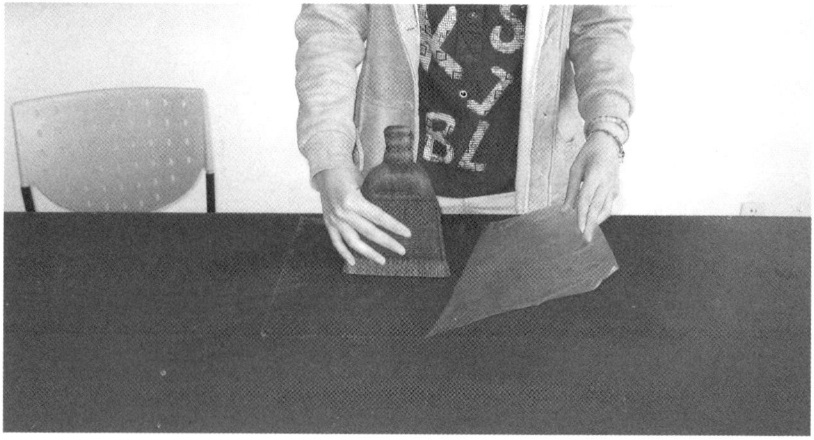

图 4–4　铺塑料纸

② 摆放裱件刷浆

将裱件正面向下放在塑料薄膜上。用排笔将稀浆糊轻轻地刷于裱件上，如遇字、格错位，可以加大水量使其稍稍浮在塑料纸上，然后用毛笔轻推，使其回到正确的位置。再观察裱件上的浆水：若刷的浆水太多，则需用宣纸团等将水轻轻吸去少许，以防托纸刷上去时，因太湿而使裱件移动错位，毁了裱件；若浆糊没有刷到位，有漏浆处（即发暗处），则需要补浆（图 4–5）。

图 4–5　摆放裱件刷浆

③ 上托纸

检查裱件上清洁与否，若有笔毛、纸屑等杂物，以小镊子清理干净。取一张与裱件大小、颜色、纸质、厚薄相近的复背纸，左手提着复背纸的左端，右手先将复背纸右上角着案，.再将复背纸的右下角对准裱件抻直着案，用棕刷子将复背纸轻轻地从右向左刷平（图 4–6）。

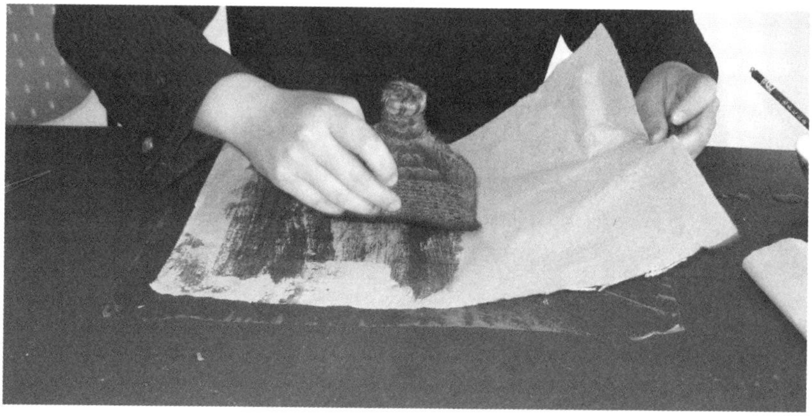

图 4-6　上托纸

④ 垫补

对于较大的孔洞，可以先补洞后托复背纸，或在孔洞所在处的复背纸上用补洞法再粘补一层与孔洞一样大小的纸，以避免裱件有凹凸不平的现象，然后垫上吸水纸刷实（图 4-7）。

图 4-7　垫补

⑤ 揭去塑料薄膜

将塑料薄膜连同裱件从台上提起，翻身放在吸水纸上，揭去塑料薄膜，揭时不可将塑料薄膜抬的太高，如果偶有书页被带起，可用手指或滗过水的毛笔将其“舔”下来。然后检查一下修复好的裱件，如排列等有错误，用镊子将其小心调整好（图 4–8）。

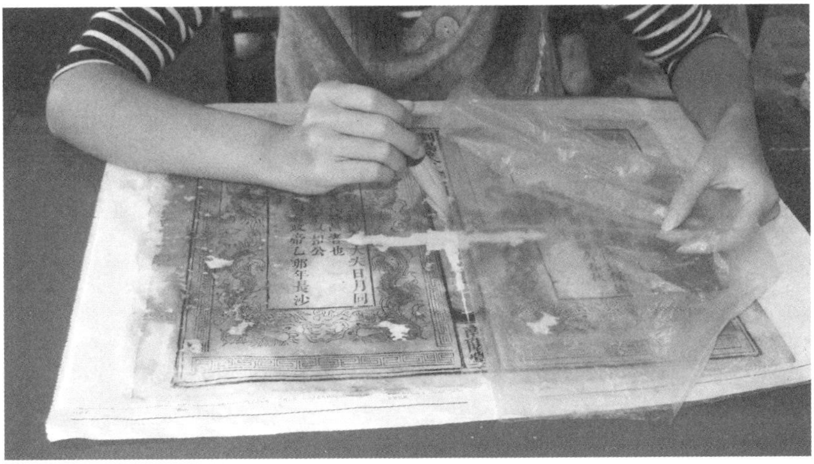

图 4–8　湿托揭塑料纸

⑥ 晾干

由于采用托裱法修补的文献湿度较高，直接放在吸水纸中间不易吸干，而且容易发霉，只能摊开晾干，而摊开晾又需要大的场地，因此可以先上贴板晾至七八成干，再放在吸水纸中夹干（图 4–9）。

如遇裱件破损严重，看不清字迹等情况，可在工作台上铺一张塑料薄膜（或油纸），将裱件先正面向上摆在塑料薄膜上，将字等对齐，按小幅文献湿托法刷上一层很稀的浆糊后托一张毛边纸，然后将塑料薄膜连同裱件一起翻身，轻轻刷平在台上，去掉塑料薄膜，再按以上小幅文献湿托法托裱修补，待修补完后再翻身将正面的毛

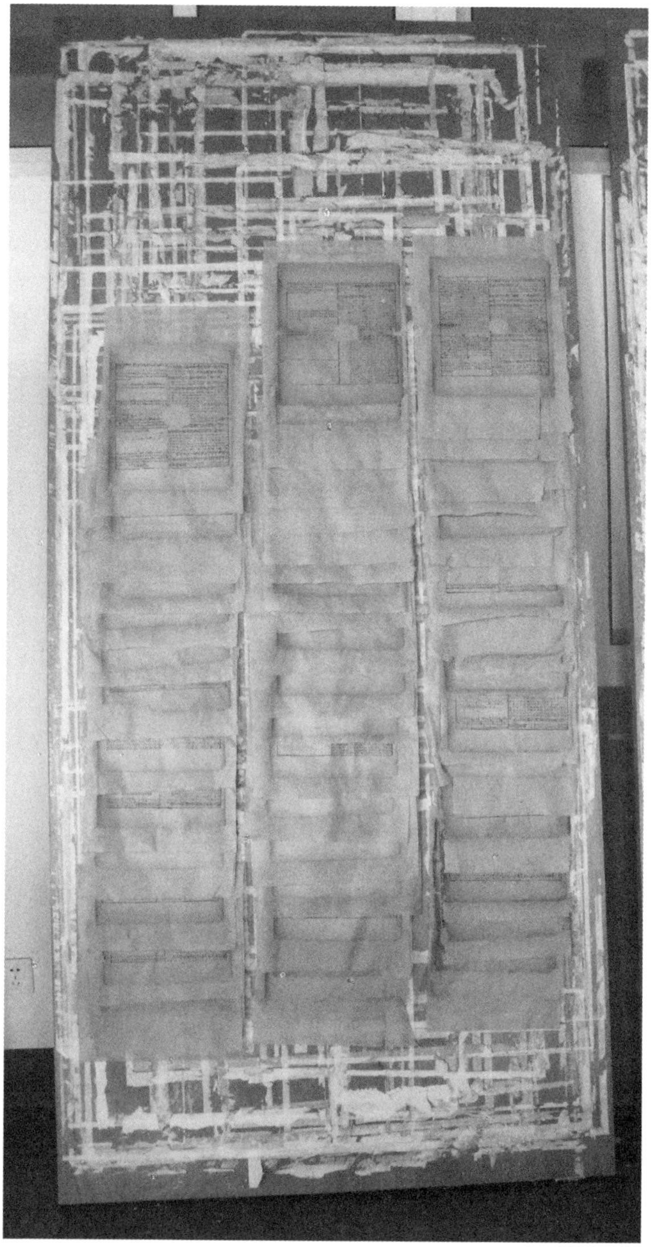

图 4-9 上板晾贴

边纸揭去。

（2）大幅文献湿托法

① 准备托纸

将托纸卷起（或卷在一根木棍上），托纸一般比裱件四边各长出1.5 厘米左右（图 4–10）。

图 4–10　卷纸

② 裱件润浆

将裱件正面朝下铺在工作台上，用略带浆水的排笔将裱件轻轻刷潮，稍加伸展（图 4–11）。

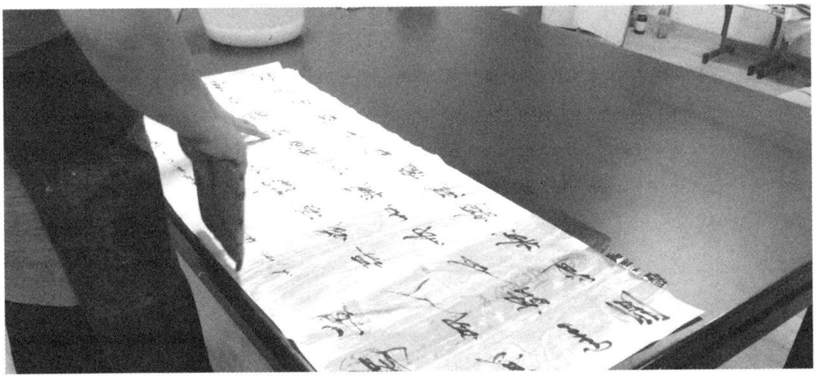

图 4–11　裱件润浆

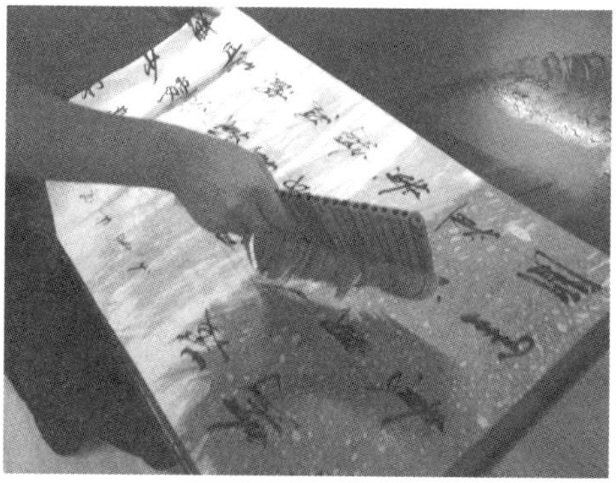

图 4–12 裱件上浆

③ 裱件上浆

左手提起裱件抖风，以免文献打褶，右手持排笔蘸稀浆糊，从右往左上下一笔笔刷匀，刷完后对着光线检查一遍，如果发现有发暗处，即为漏刷或未刷匀处，再予补刷一遍（图 4–12）。

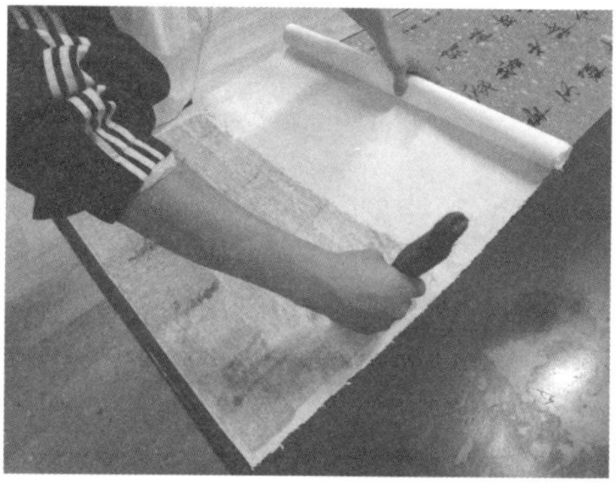

图 4–13 上托纸

④ 上托纸

左手持托纸卷，右手把托纸卷舒展开一些，对准裱件将托纸右上角的一点着案，并使托纸与裱件的上边际相平行，右手持托纸的右下角抻直着案，同时左手将托纸卷轻轻提起，右手持棕刷将托纸从右向左刷覆到裱件上，刷完后再用棕刷从右至左排刷一遍，以使托纸和裱件粘合紧密（图 4–13）。

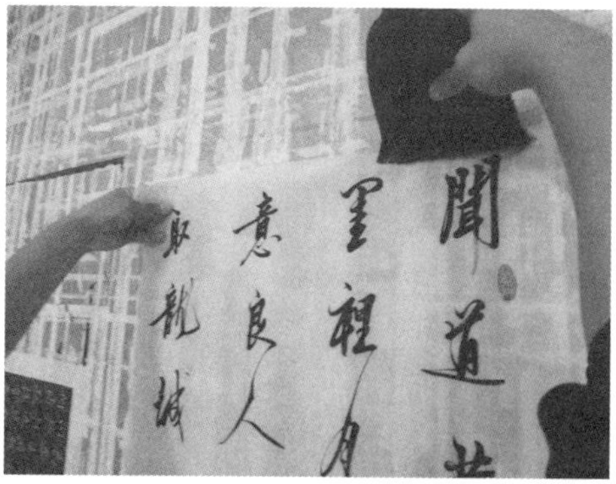

图 4–14 上墙

⑤ 游浆上墙

用排笔在托纸四周余边上刷少许稀浆糊，并在右边或下边浆口处，粘一张大拇指大小的纸片，作下壁的起口，两手持裱件的两个角缓缓提起，正面朝外平整地粘贴在贴板上。在裱件的一侧揭开一处，往里吹些气，这样下壁时容易起下，也不会产生画心背面粘在壁上的现象，然后再将揭开处粘贴排实（图 4–14）。

如果裱件幅面较大，湿幅后有一定的重量，上壁粘贴时一经提起，极易损坏。此时可用二层巴掌大的白色干纸，衬在二个角下，然后左手提起衬纸和裱件的一角，右手用棕刷提起衬纸和裱件的另一角，将右角先刷上贴板，接着从右到左，用棕刷封住上边口，然后再封好右边上半部和左边上半部，最后把下面的两个角抻平，封好下边。

大幅裱件上壁时最好两人同时操作，另一人帮着提裱件的下面两端一起上墙。

2. 飞托（也称干托）

有些文献如红蓝格纸的抄印本书籍或重彩画心等，着湿后容易跑色烘染。为防止这类情况的发生，可采用飞托的方法进行托裱。飞托即在托纸上刷浆，再将原件刷在托纸上的技法。操作步骤与方法：

（1）裱件润湿

将裱件正面朝下铺在工作台上，用排笔或棕刷甩水将裱件稍加润湿，卷起放在一边（图 4–15）。

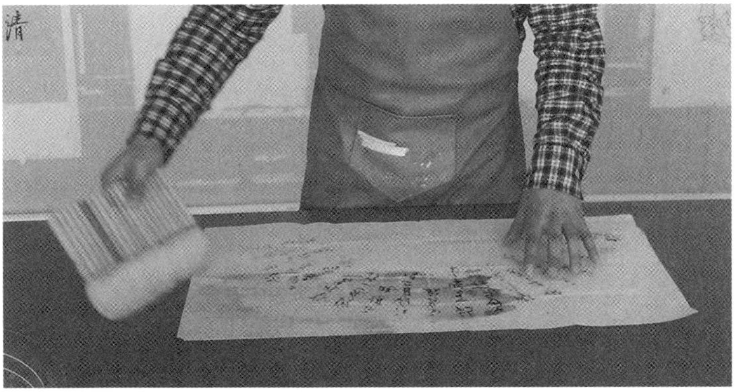

图 4–15　润湿裱件

（2）托纸上浆

将托纸在工作台上铺平，刷上匀稀浆糊（图 4-16）。

（3）上裱件

将裱件正面朝上对准托纸，用干的排刷或棕刷将裱件轻轻地刷于托纸上，刷时动作要快，防止出现褶皱。再在上面衬一张吸水纸，连同托纸揭起翻身，放在干净的台面上，用棕刷在托纸上排刷结实，抹浆口上贴板晾干或绷平（图 4-17）。

图 4-16　托纸上浆

图 4-17　上裱件

图 4–18　裱件润湿

图 4–19　托纸上浆

3. 覆托（也称搭托）

着湿后容易跑色烘染的裱件，除了用飞托法外，还可以用覆托的方法。另外，断裂拼接或揭心修补过的画心以及手卷覆背等也需用覆托法托裱。操作步骤与方法：

（1）裱件润湿

将裱件正面朝下铺在台上，用略带浆水的排笔将裱件轻轻刷潮，稍加伸展，卷起放在一边（图 4–18）。

（2）托纸上浆

将托纸平铺于工作台，刷上稀浆糊（图 4–19）。

(3)托纸吸水

取一张略大于托纸的吸水纸，揭开已刷上浆水的托纸的一头，吸水纸的一头置于其下，对齐贴拢。两手拿住合拢处向上用力一掀，趁势将吸水纸垫在托纸下面(图 4-20)。

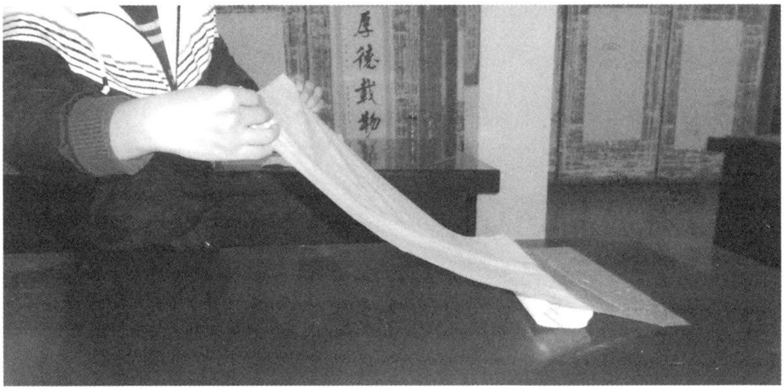

图 4-20　托纸吸水一

如果裱件较大，也可将略大于托纸的吸水纸卷起，然后揭开一小段托纸，将吸水纸放在托纸下面，并使吸水纸的一头对齐贴拢托纸的一头，两手拿住吸水纸卷的两头在托纸下缓慢移动，逐渐展开吸水纸，将吸水纸垫在托纸下面(图 4-21)。

图 4-21　托纸吸水二

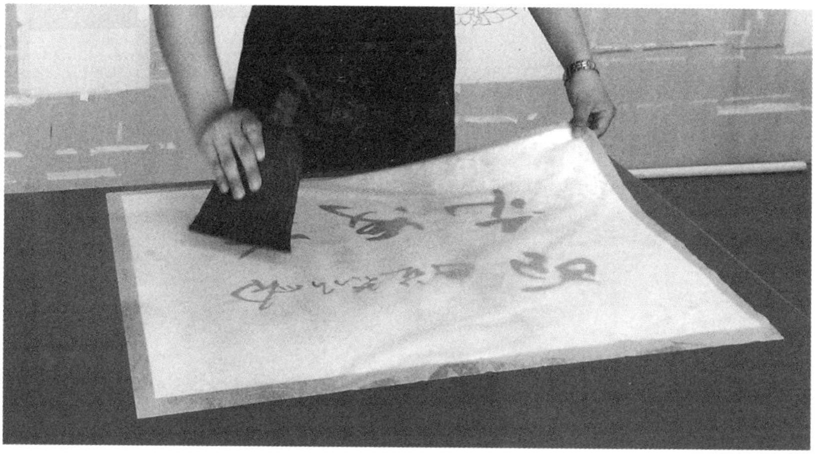

图 4–22 上裱件

（4）上裱件

将吸过水的托纸上浆一面朝下覆盖在裱件背面，用棕刷排刷结实，最后上贴板晾干或绷平（图 4–22）。

二、托裱注意事项

1. 采用托裱方法修补的书籍，书页纸硬发挺，且易虫蛀，因此在古籍修复过程中，能用修补或衬纸的方法修复书页，则尽可能用修补或衬纸的方法修，要尽量少用托裱的方法。

2. 有些裱件托裱后不宜上壁绷平，如破烂程度大的裱件或原已托过裁方的心子等，可采取“空绷壁”的方法。操作方法：取一张比裱件四周各大约 2 厘米的宣纸洒水潮润刷平在裱台上，将裱件正面朝下潮润刷平在宣纸正中，在宣纸四边上浆贴壁刷平。

3. 用于书法墨迹的装裱材料多种多样，托裱之前，先要弄清原件的材质及色彩，按不同的类型，采取相应的托裱方法并注意操作方法。易跑墨或熟纸（即矾纸心）创作的书法作品，可采用干托或复托法；托裱赤金、洒金纸创作的书法作品，托心刷浆或排实时，需在台上垫一张纸，避免金色粘到台上；书法作品或拓片在托裱前，为固定其墨色，需把裱件包好放在蒸笼里蒸 30 分钟，然后再行装裱。

三、托裱技法操作质量要求

1. 托裱后裱件平整，无皱褶。
2. 用浆稀稠适当，托裱后裱件柔软且无脱壳（重皮）现象。
3. 托裱后幅面字迹无跑墨烘色现象。

第三节　揭裱技法

有些古籍因年代久远、保管不善等多种原因，出现受潮霉变、粘结成块等多种情况，修复时必须采用一定的方法将纸张一页一页揭开或将原来的托纸揭去才能修复。

揭裱技法其实有两道工序，一是将原件揭开或将原先修裱的托纸揭去，二是将原件重新进行修补托裱。修补托裱的技法前面以作介绍，以下主要讲揭的几种方法。

一、揭裱的几种方法

1. 干揭

粘连不太严重或者因原有浆糊失效而产生重皮现象的书页，可用镊子或竹起子等工具小心地一页一页揭开，是为干揭（图 4–23）。揭的时候应审视书页的破损情形，顺势而为。如果书页破损特别严

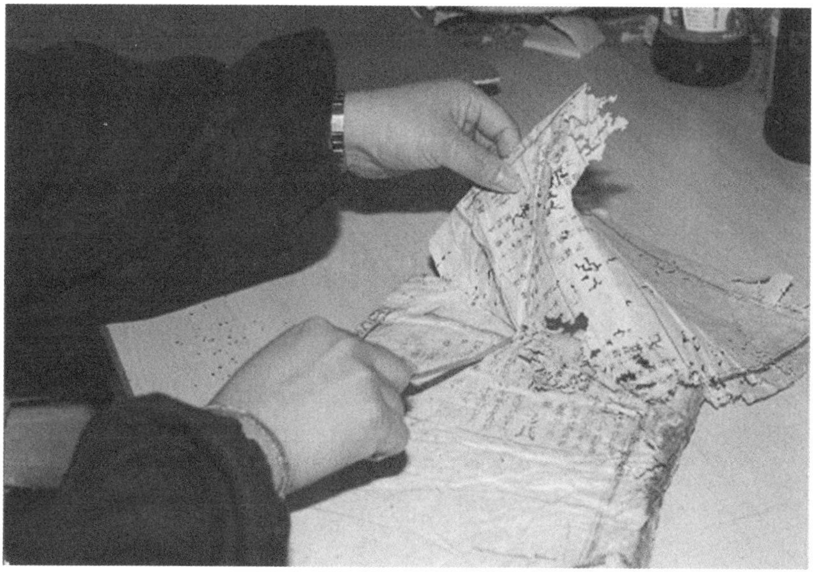

图 4–23　干揭

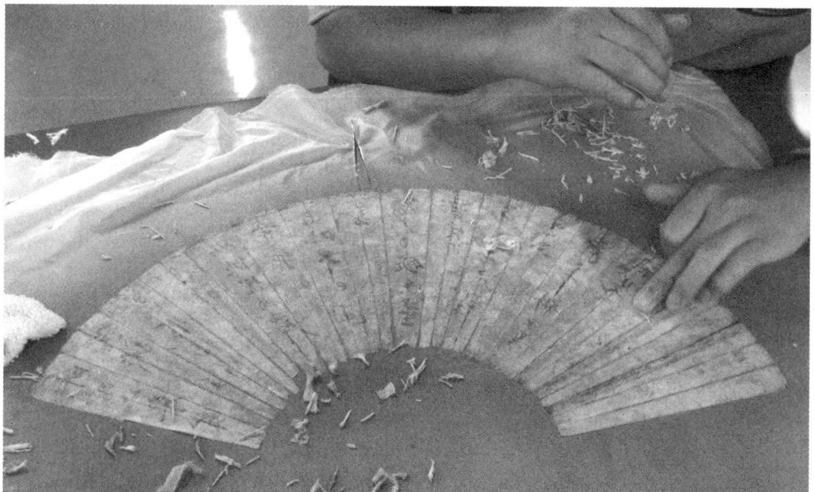

图 4–24　湿揭

重，应该揭开一页即刻修复好，以免零星脱落小块遗失或找不回原来的位置。注意，文献能够干揭的，即应尽量用干揭的方法来揭开。

2. 湿揭

如果文献纸张粘得较牢，可采用湿揭的方法（图 4–24）。采用湿揭技法修复文献，需加小心，操作前首先要观察原件的质地、破损程度、画面是否会褪色等情况，然后确定揭裱方案。

粘接比较牢固，用干揭法揭不开的书页，或是某一部位小面积粘牢者，可用蘸水的笔划湿粘结处或用喷壶将书页喷潮后，即可小心揭开。

粘结的特别结实如“书砖”者，可以将其放入热水中浸透（或用薄布将书包起再浸，以防泡烂），取出后沥去水分，待书页七八分干时再小心揭开。注意，书页特别糟朽、焦脆、韧性较差者不宜采用此法。

有些文献以前修复或装裱过，如果裱件画面完整、着色牢固，纸质纤维较有牢度，可用热毛巾盖在原件上，用排笔蘸热水淋洒在毛巾上，闷烫几分钟再揭。

如果原裱件有断裂破损情况，可先将一张略大于裱件的衬垫纸（也可用塑料薄膜）湿润后刷服在台面上，再把有断裂、破损或散落的裱件放在衬垫纸上，正面向上，边展开边用排笔蘸热水洒在裱件上，直至裱件完全湿润。然后，用毛巾卷先在裱件完好的部位滚轧吸水，将其固定在衬垫纸上，再将裂缝面积较大的部位对齐拼接在已固定的裱件上，边拼边用毛巾卷吸水，同样将其固定在衬垫纸上。最后再把裂缝较小尚未吸水的碎裱件用手推移，使裂口的边际对齐拼接在已吸水固定的裱件边上，边拼边用毛巾卷吸水，使拼缝不再移动。全部拼接完后，盖上一张湿润的衬垫纸（也可用塑料薄膜），用棕帚刷平，两张衬垫纸夹着裱件一起翻面，刷平于台面上，揭去上面的一张衬垫纸，吸干水分后用镊子等工具，用揭、搓等技法，轻轻将其揭开。

二、采用揭裱技法修复古籍注意事项

1. 揭前需先在小范围试揭，了解揭的难易度；揭时从无字空白处开始揭，以免损坏或手指弄脏原件的画面部位；揭的过程中切忌东揭一块西揭一块，造成原件搓揭厚薄不均匀；如果一天揭不完，可用塑料薄膜盖好，防止水分蒸发，原件起翘，待第二天再揭。

2. 修补托裱上去的纸要比原件稍浅一些，切忌深于原件的颜色。

3. 因揭裱时，原件上含有水分，因此托裱所用的浆糊要比一般修补所用的浆糊稍稠一些。

4. 古籍能不重新揭裱的尽可能不要揭裱，因为每揭裱一次，要经过热水闷烫、清水淋洗或化学药品洗霉去污和修补等多道工序，不但耗时，而且会使古籍大受损伤。

第四节 去污技法

文献在翻阅、保存、转移过程中，因为种种原因会产生诸如水渍、霉斑、灰尘、油点、墨迹等脏污现象，修复时可以视情况采取不同的去污方法一一去除，以恢复文献原来的原貌。学习古籍修复必须了解并掌握一些去污方法。

一、去污的几种方法

1. 清水去污

（1）喷水法：书页遇水干燥后在其遇水边缘处会出现水渍，多呈

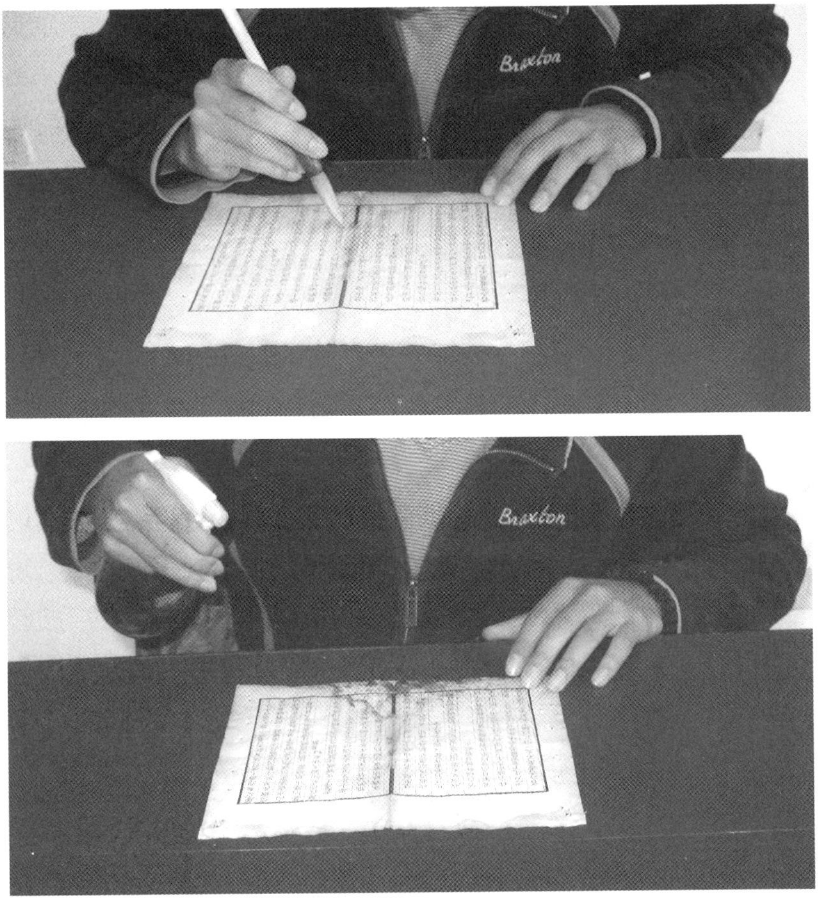

图 4–25 喷水去污

黄色、晕散状。如遇轻微水渍，尤其是刚沾上水不久的水渍，可以用喷壶对着水渍处喷少许水，干透后水渍自会散去。情况稍严重的，可用毛笔蘸一些热水将水斑处划湿，然后用喷水壶在水迹周围喷一些水，再用吸水纸将书页隔开吸干，待干后书页上的水迹就会随水散开而消失（图 4–25）。

（2）刷洗法：对于一些年代不是很久、纸质比较完好的文献可用刷洗法去污。操作方法：用浆笔蘸热水在文献上轻刷一遍，然后将

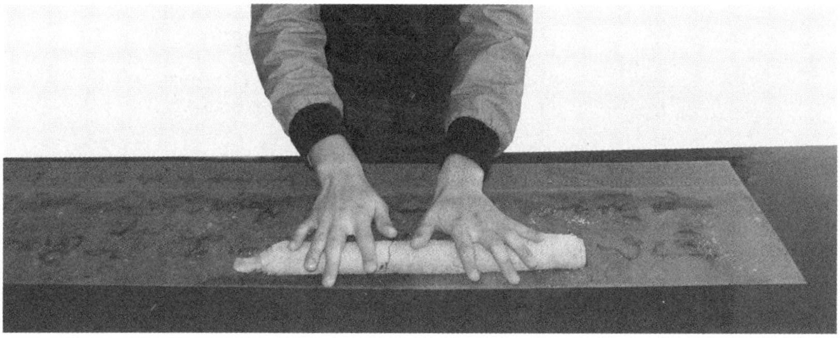

图 4–26　刷洗

毛巾卷起，两手推动毛巾卷在画面上滚轧吸水，将污水逐渐从边上挤出。水如果刷的太多，可先用毛巾铺在画面上吸掉部分水分后再滚轧吸水。如果毛巾上水分吸的过多，可拧干后再吸。一次洗不清可再用浆笔淋洒一遍清水，用毛巾卷吸干直至画面清洁(图 4–26)。

(3)淋洗法：有较重的水渍或发黄等情况的文献，可用水淋洗去污。操作时，将被污染的文献正面朝上摊放在便于泻水的漂盆或木板上，用排笔或水壶将热水从上而下轻轻地淋洒或浇在文献上，连续淋浇若干次，至没有黄水为止。用手掌轻轻按压文献表面，挤出多余水分后，将之提起放在吸水纸上，待文献五六分干时，将其分成 5–6 页一叠，放在吸水纸上，待七八分干后，再将其一页一页分开晾干。如果清洗的文献韧性较差，淋浇时在文献上下各放一张干净的宣纸，使淋浇的水不会直接淋在文献上，也便于起取(图 4–27)。

图 4–27　清水淋洗

另外也可将有污迹的裱件放在裱台上，将二三层毛巾覆盖在污迹处，用热水轻缓地浇在毛巾上，待毛巾上的热水稍凉，取去

图 4-28 刀刮去污

毛巾把水拧干，然后把毛巾卷成卷子，在裱件上推滚，使污水逐渐从边上挤出，或被毛巾吸去。在特别脏污的地方，将拧干的毛巾再覆盖在污迹上继续淋烫，连续淋烫若干次后，污迹会散开。

2. 刀刮去污

有些文献上的小污点，如蝇屎，较浅的原珠笔印、墨印等，可以用锋利的小刀轻轻刮去这些印痕。（图 4-28）

3. 化学试剂去污

对于水斑严重或是有油斑、霉斑之类的文献，可用化学试剂来清洗，常用试剂有碱、高锰酸钾、草酸、漂白粉、双氧水等（图 4-29）。

（1）碱

对于一般有水迹或发黄的文献，可用 3g 碱与 100ml 水调制成温度为 70 ~ 80℃的碱水，采用淋洗法连续冲洗若干次后，再用清水冲洗干净。

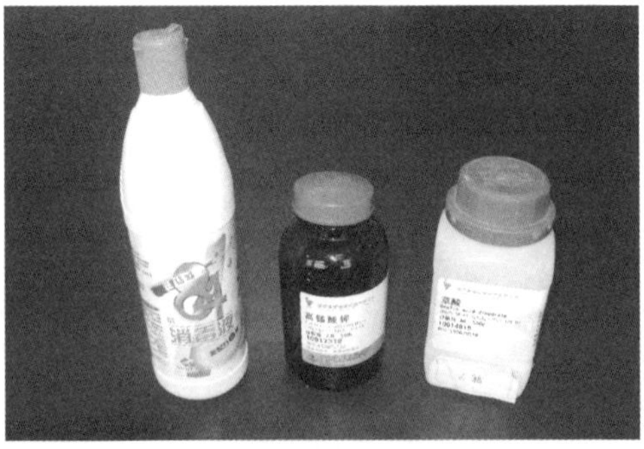

图 4-29 化学试剂

（2）高锰酸钾加草酸

对于黄渍严重或有绿霉点、黄霉点，经开水淋洗不能完全去除的文献，可用高锰酸钾加草酸溶液清洗。操作方法：将需去污的文献正面朝上放在漂盆上，用排笔蘸比例约为 1g 高锰酸钾兑 200ml 水的高锰酸钾水溶液，轻轻涂刷于污迹上，再将整幅也略刷一遍，以使在清洗后整幅画面洁净度一致。在高锰酸钾的作用下画面颜色会变成茶色，再用排笔蘸比例约为 1g 草酸兑 50ml 水的草酸溶液，淋刷在幅面上进行中和，褪去高锰酸钾留下的茶色，这时画面会变得洁净。用清水冲洗几遍，以彻底洗去残留的试剂溶液，最后用毛巾卷吸干水分。

（3）漂白粉

对于污迹过深或有红霉的文献，也可用漂白粉溶液漂洗。用毛笔蘸漂白粉溶液，涂抹在霉点等被污染处，再将整幅也略刷一遍，过几秒钟，用清水洗净。注意，由于漂白粉腐蚀性强，对文献材质会产生损伤，因此使用时剂量一定要控制好，操作时动作要快。同时绢本裱件、名家墨迹及其他文物珍品不宜使用漂白粉漂洗。

（4）双氧水

原件画面上有白色颜料的地方，日久会出现返铅发黑现象，可以用双氧水去除返铅。方法：用毛笔蘸双氧水，抹在返铅部位，使其黑气渐渐消失，白色还原，而后用清水淋洗干净。返铅处理有时一次不成，再做一次，就能达到较为理想的效果。

二、去污注意事项

1. 文献在进行去污工作之前，首先须辨明原件是否会有脱墨洇染的情况，纸质是否已变酥。如有脱墨洇染情况，可试试在水中加入一些胶矾，以加固墨色；如果纸质稍有变酥，可在原件上衬一张宣纸，以免原件受损。如果原件有严重脱墨洇染情况，或纸质已变酥等，不可用水冲法进行去污。

2. 使用化学试剂去污时，因有些化学试剂对纸质会起破坏作用，不利于文献长久收藏，因此非必要时尽量不要采用这种方法。同时去污时要根据配方按比例配制洗污溶液，不可用量过多、漂洗时间过长。珍本文献等不宜使用化学试剂去污。

3. 古旧的纸质文献去污，要掌握修旧如旧的原则，要保留一种由于年代久远自然形成的特有的质感（俗称包浆）。

第五讲　线装与毛装的装修技法

第一节　线　　装

线装，即书页制作完成后，在书页右侧书脑处扎四个或六个甚至更多的眼，然后穿线装订而成书。它是古籍装修中普遍使用的一种装帧形式。最早可能在南宋已经出现，但明代嘉靖以后才流行起来，清代基本都采用这种装订方式。这种装订形式比较科学，解决了蝴蝶装易于散页、包背装装订工序繁琐的问题，其外表美观，翻阅方便，不易破散，同时又便于整修与保管，故一直沿用至今（图 5–1）。

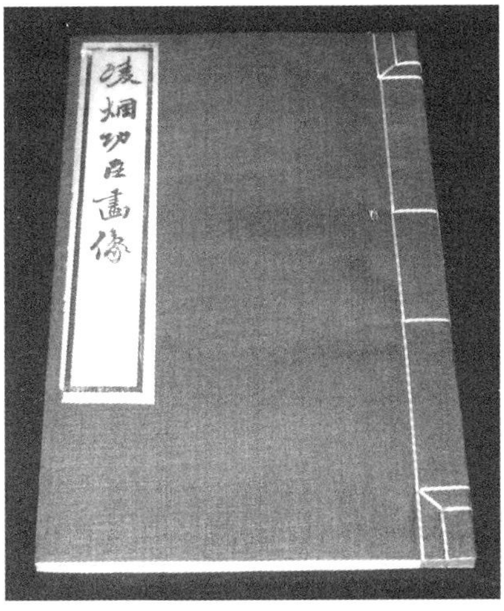

图 5–1　线装书籍

一、线装书各部位专用术语图解

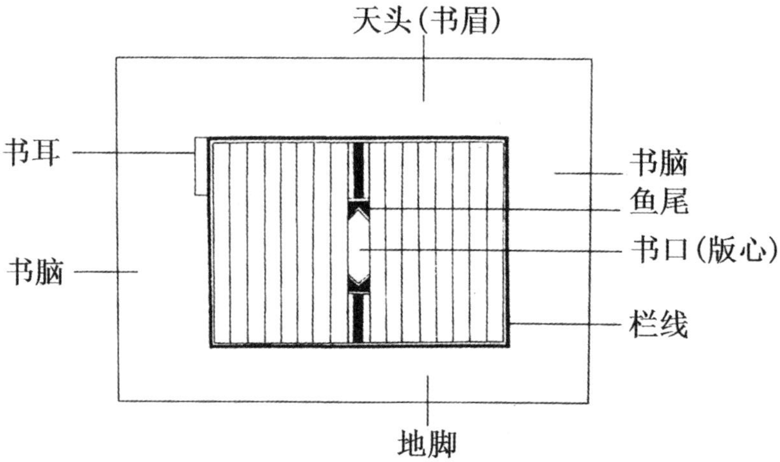

图甲

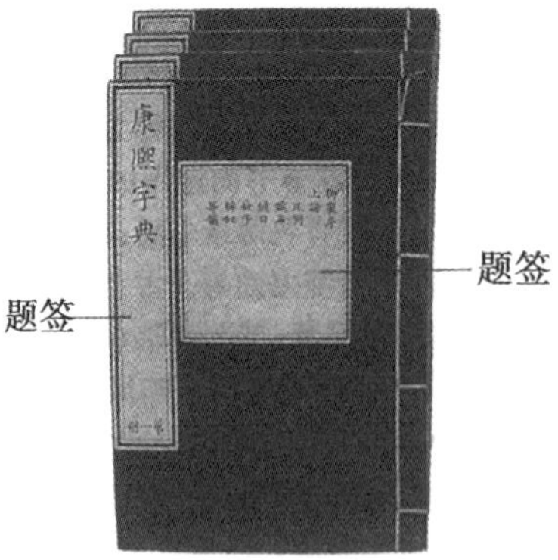

图乙

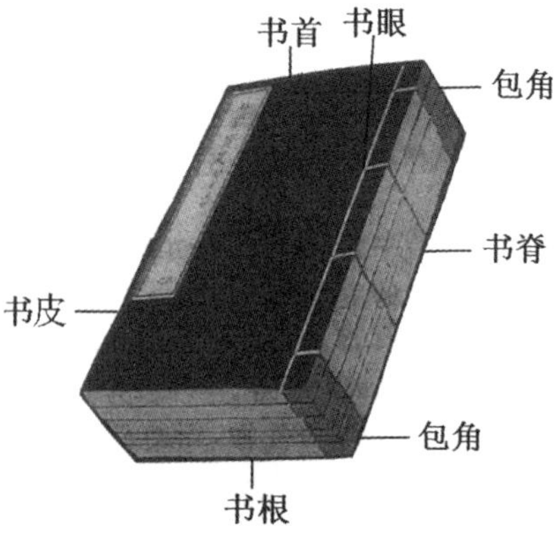

图丙

二、装修流程图

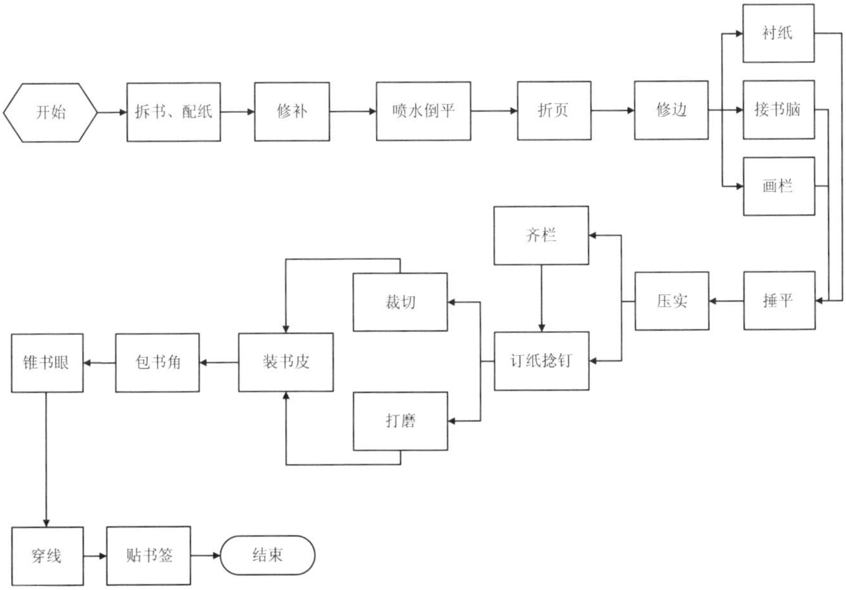

三、操作步骤与方法

1. 拆书

在拆书前先检查一下该书是否有页码，如无页码可用铅笔编写，以避免修好后搞乱，页码须编写在书页右下方靠书脊处，避免装订后编码露出，影响原貌。

线装书的装订多用丝线，拆线时用普通剪刀小心剪断即可拆去。有些善本书籍需要保留原来的丝线，拆时应尽量少剪，注意保存原线的完整性，以备修补后穿线时使用。使用时略有缺损，可选用颜色、材质、粗细等相近的丝线补齐。

善本书如原书有包角，需要用清水稍稍闷润后小心拆下，用小刀刮去旧浆，抻平经纬后重新托纸绷平，待日后装订时再使用。

2. 配纸

修书所配纸的好坏，与修复质量密切相关，特别是修补稍大的洞的用纸。修书纸一般应使用与原件纸张的颜色、质地、厚薄相接近的旧纸，这样修补的效果最佳。如果无适当的旧纸，也可用新纸经染色后代替。配纸时，可将补纸置于书页孔洞下，仔细观察其合适与否。托裱用纸可稍薄一些。修补配纸应该贯彻“宁薄勿厚”、颜色“宁浅勿深”的原则。

3. 修补

采用溜口、修补、托裱等技法将书页修补完整。

操作方法参见第四讲“修复的各种技法”。

4. 喷水倒平

修补过的书页，由于浆糊的作用，干燥后有时会出现书页不平或褶皱的现象，采用喷水压平的方法可以使书页平整。操作方法：将修补过的书页每五六页为一层，错开排列，放在吸水纸上。用喷水壶将书页喷潮（喷水不可太多，只要做到潮润即可，反之不平），再放五六页一层，错开排列后喷潮，喷过三四层后，放上一层吸水纸，依次全部喷完后，两端用重物压住或用夹板轻压，忌用重物一下子压死，否则不平。如果书页较厚、褶皱较多，喷水量可稍大。遇到阴雨天气时，需在第二天再将书页一页一页倒一次，放在新的吸水纸上，上压重物，即可压平（图 5–2）。

5. 折页

书页干透压平后，即可折页。折页时须按原折痕原样折回，即使原已折偏，也无须更正。若书口已残损不见，折时可将书页举起，迎着光对准栏线或书页的边际折叠（图 5–3）。

折页注意事项：

（1）溜过口的书页折时需用手将砂粒等杂物去除，以免锤平时将书页硌坏。

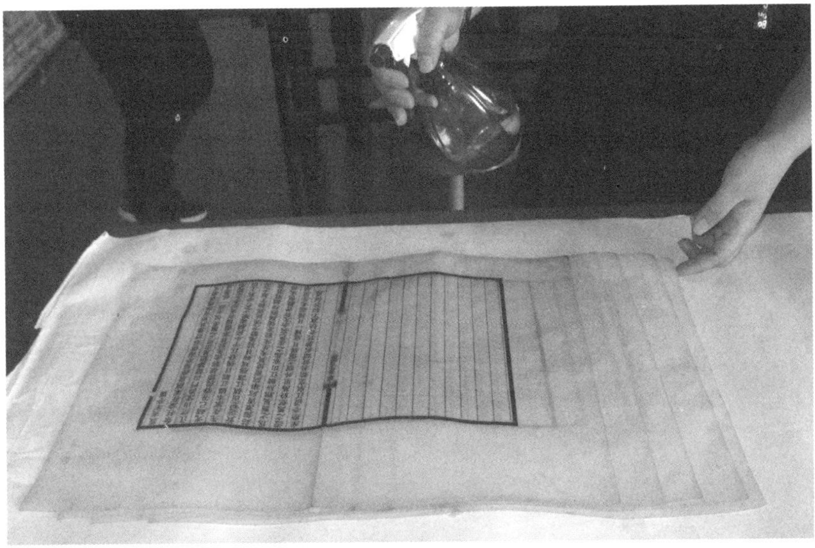

图 5–2　喷水倒平

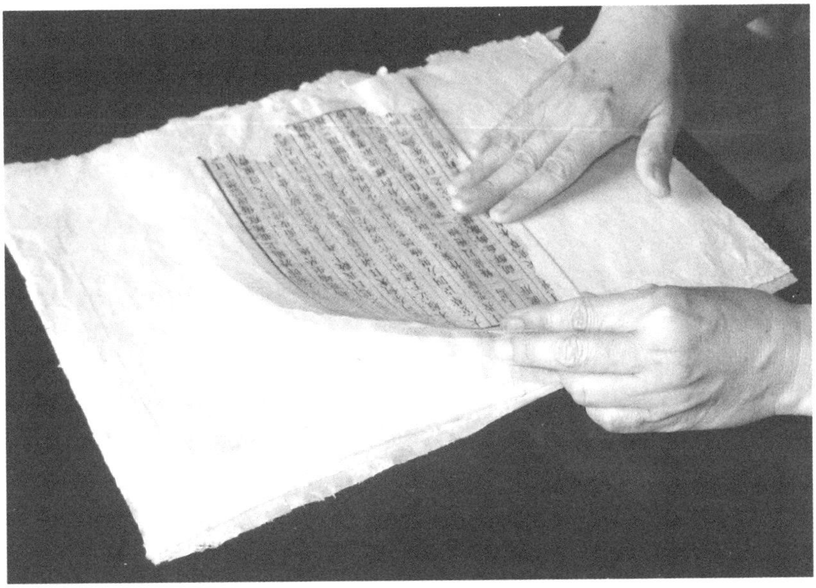

图 5–3　折页

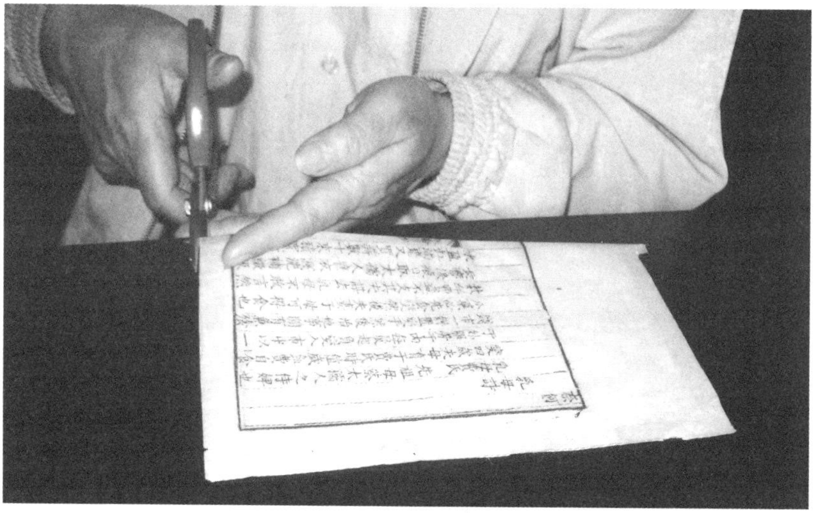

图 5–4 修边

（2）应时时注意手指上是否沾染上油墨等污物，手指脏了要及时洗净，以免污染书页。

6. 修边

经修补和溜口后的书页，周边会余出毛茬纸边，书页折叠后，要用剪刀或用刀将其修剪整齐。如果书页破损不太严重，仅是溜口而已，可用剪刀逐页剪去余边纸。如果补洞时余出的毛茬纸边较长，可用刀裁去余边纸。整册书采用托裱方法修补的，需用刀先将书页地脚或天头处的余纸裁去，装订后再将另两边裁切整齐。如果使用刀裁修边，由于单张书页过薄，裁切时容易拉毛，可在书页下垫一张平整的报纸再裁（图 5–4）。

7. 衬纸

针对以下几种情况，可采用衬纸的方法。

（1）有些书书页过薄，而且整册书页都开裂溜口，修补后书页不易捶平。

（2）书籍修补后出现半边高半边低的情况。

（3）印谱类薄书页书籍须保证一定的书页厚度，以避免反面的印章文字透到前页。

衬纸可以采用双页衬（将衬纸对折后衬），也可以用单页衬，选用的衬纸需与书页颜色相接近，厚度不能超过原书页。由于洋纸（机制纸）酸性较高，具有一定的腐蚀力，因此忌用廉价的洋纸（机制纸）作衬纸。

衬纸的方法有以下几种：

（1）无需裁切书籍衬纸法

如原书不裁切，需先把衬纸裁成与原书的大小相同，然后将衬纸衬入书页，衬完后压实待继续下道工序。

（2）需裁切书籍衬纸法

操作前，可先将衬纸裁切成比书页略宽大些的单张，将衬纸对折（单页衬不用对折）、顿齐、压实，然后将其折口，一张一张夹入书页靠近书口，衬至数十张，将书口和下脚在台上顿齐，再衬数十页顿齐。依次整册书衬完后，用压书机或石块等重物压实，最后与

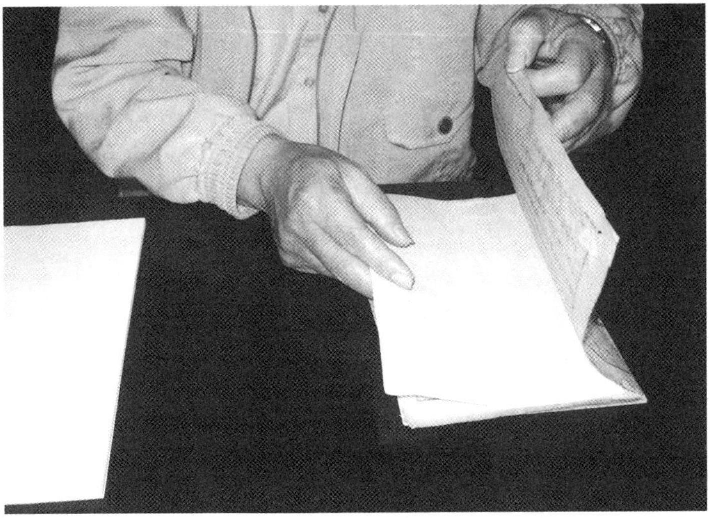

图 5–5　衬纸

原书一同裁切装订。这种衬纸法大多适用于新装修书籍。

（3）书根有字书籍衬纸法

遇到书根处有字的书页，在衬纸时，需先把衬纸裁成比原书长略短一丝，衬纸衬入书页后，将书口和天头顿齐，以保持书根的字完整露出，再压实待继续下道工序（图 5-5）。

8. 接书脑

有些书由于书脑过于狭窄，无法打洞穿线，这在古书中较为常见，此时须将书脑接宽以便穿线装订。书脑接宽的方法有以下几种：

（1）粘接法

① 备料

取与书页纸质、颜色、厚薄相近的纸，裁成比书页高度稍长、宽约 5 厘米的纸条（宽度可根据需接出的书脑宽度决定）。

② 贴条

将十余张书页打开，正面朝下排开，每页书脑间左右错开 0.15cm 排列在台上，在最上一页垫一张隔糊纸，在书页错开处抹上稀浆糊，把事先裁好的纸条从下到上，一条一条地粘贴在书页上，粘完后上面垫一张吸水纸，用手按抚平整，将书页放在吸水纸中夹干。用同样的方法，再粘十余张，如此将全部书页粘完夹干。这样，每张书页的一边书脑上就贴有一条纸条。

③ 回折纸条

待接出的纸条夹干后，将书页折叠，把书脑一边接出的纸条边回折与另一边书脑边对齐折叠，全部折叠完后按书籍装订法装订（图 5-6）。

（2）衬接法

① 双页衬

将双页衬纸裁成与书页等高，宽为书页的宽度加上 2 倍所需接出书脑的宽度再加 1 厘米（作裁切余边），将衬纸一页一页衬进书页，

图 5–6　接书脑折叠

顿齐后将书脑处的衬纸回折与书页平齐，压实后按书籍装订法装订。

② 单页衬

如果是单页衬，则将单页衬纸裁成与书页等高，宽为书页宽度加上 3 倍所需接出书脑的宽加 2 厘米（作裁切余边），将衬纸一页一页衬进书页，顿齐后将书脑处的衬纸 3 折与书页平齐，再按书籍装订法装订。

9. 画栏

一般书页修补好后不补字，不描栏，不求全，因为有时某一字的模糊，或者某一段栏线的短缺，正是考订该版本的有力证据。而对一些大面积破损修补后缺栏线的书页或签条等，可照原样补齐栏线，以增加其修复后的美观性。

画栏时，将书页放在台上，在书页下面垫一张纸，用尺压住。

将勾笔蘸墨后放进笔槽，移动笔尖和笔槽末端的距离，合适后，先在纸上画一线试墨色，看看和栏线深浅是否相同。用纸将栏线的拐角处挡住，或者在栏线的拐角处扎一针孔，作为栏线边框的标记，把尺紧靠栏线用左手压住，右手持笔槽顺着尺板从左向右画去（图5–7）。

图 5–7 画栏

10. 捶平

书页经修补后，洞口粘结处就比原来多了一层纸，当书页摞在一起，补过的地方会高出许多，因此需要用平面铁锤将高出的地方锤薄、锤平，使其与原书的厚度相等或接近。操作时，取十页左右折好的书页（书页不宜过多），将其地脚与书口顿齐，书口向自己，平放在磨光的平面石上，左手按住书页，右手持平面铁锤，在书页补过的地方及溜口的地方轻轻捶打。捶时要按顺序上下左右一点一点地捶，否则不易捶平，同时用手随时抚摸书页，发现高出的地方，

图 5-8　捶平

予以捶平。正面捶过，再将书页翻过来捶反面。一次捶不平，用压书机或石块等压几天再捶一遍（图 5-8）。

注意：捶书一定要待书页干透才能捶，否则书页容易粘在一起。捶书时用力须适中，不可太大。锤子要拿的平稳，否则会出现捶痕或捶破现象。

11. 压实

书页经修补后，蓬松不平，需用压书机或石块等将书页压实，以便于进行下一步的装修工序。压实的方法：把书页顿齐放在两块夹板中间，连同夹板一起放在压书机里压。或用铁墩、石块等压在上面，过一二天即平整结实。

12. 齐栏

齐栏即将一册书书口处的下栏线对齐，使之成为一条垂直的直线，使书口整齐、美观。齐栏的技术要求较高。一般古籍修复不一定需要齐栏，但新装订的古籍书页和金镶玉装的书，必须通过齐栏来摆正书页位置。

操作时，将一册书的书口和地脚顿齐，正面朝上放在锥板上，书口对着自己。左手大拇指堵住靠左边的书口，中指和食指压住书页的天头处，无名指抵住书首。右手大拇指在第一页上，食指在第一页下，捏住书页的地脚处，中指抵住第二页地脚处，用左推右拉的办法，将第一页下栏线的最外点对齐第二页下栏线的最外点，再依法将第一、二页下栏线的最外点对齐第三页下栏线的最外点，依此类推，从上到下将书页的下栏线对成直线。然后两手将书提起，在台面上顿齐书口。顿时先用左手轻轻地捏住书的左端，右手放松，顿几下，然后用右手轻轻地捏住书的右端，左手放松，顿几下，最后将书顿齐，平放在锥板上。用直角尺比量栏线，看看是否垂直，如发现有不直的地方，可用锥子等挤压、扳直，再将书顿齐，平放在锥板上，直到栏线成为一条垂直的直线为止。栏线粗细不同，以最外边为准，如无栏线可对中缝的鱼尾。金镶玉装的书齐栏时以书页下脚最外点为准(图 5-9)。

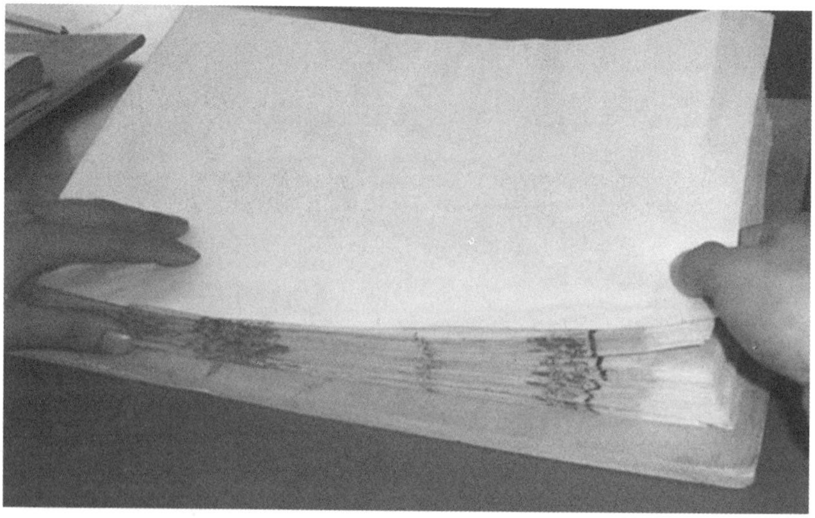

图 5-9 齐栏

13. 穿订纸捻钉

即用纸捻成纸钉将书页合订起来，使其固定，以便进行裁切、装订等后道工序。纸捻钉用韧性强的皮纸做成，也可以用竹纸制作，形状有二种：

（1）纸钉

① 顺着纸的竖纹，将其裁成长约 7 厘米，宽约 4–5 厘米的直角梯形。

② 将直角梯形的短边朝右向长边对折，用右手的拇指和食指捏住长边的尖端向左方搓捻，最后留下约 1.5 厘米不捻，折叠一下不使捻好的地方松开即成（图 5–10）。

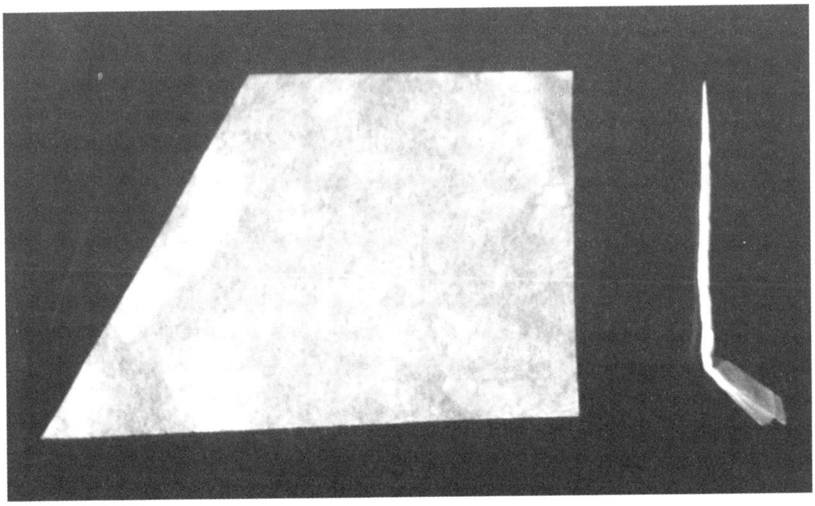

图 5–10　纸钉

（2）蚂蟥攀

① 顺着纸的竖纹，将其裁成长约 15 厘米，宽约 4–5 厘米的菱形状。

② 将菱形纸沿长边先对折再三折，折成约 0.7 厘米宽的长条，

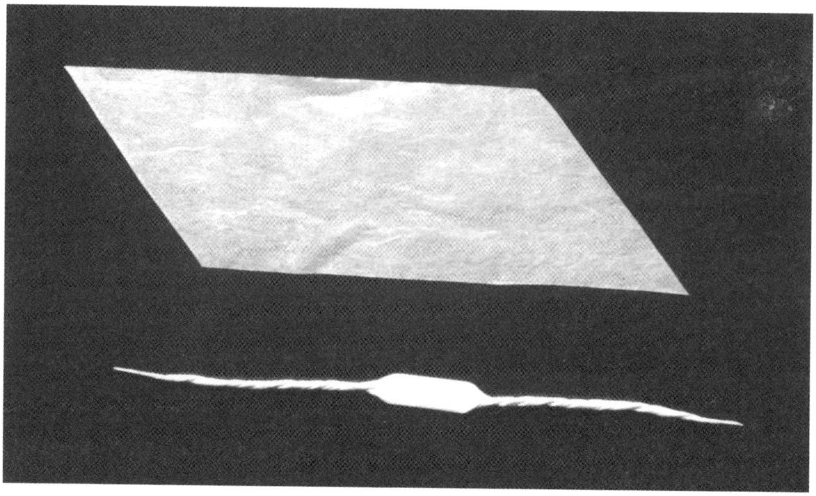

图 5–11 蚂蟥攀

从长条的两端各向中间搓捻，最后中间留下约 1.5 厘米不捻即成（图 5–11）。

纸捻钉捻的要紧松适中，不能太紧。一般的书都用纸钉穿订，用“金镶玉”方法装的书、接过书脑的书、毛装、包背装或书页较厚者可使用蚂蟥攀穿订。

纸捻钉穿订的操作方法：

（1）安放护页

在书籍前后各加两张接近书页颜色的护页。

（2）顿齐

将书口及下脚顿齐，下脚如不齐可顿齐天头。将顿齐的书平放在锥板上，用尺板及镇块压住书口处。

（3）确定纸捻的位置

原则上纸捻的眼应使用原来的钉眼，不再另行打眼，因眼多伤书。书脑残损经修补后不见原眼则需另行打眼。书籍一般打两个钉眼，分别打在书页长度的三分之一并距书脊至栏线三分之一处为宜。

大的书可以打三个眼，两个钉眼分别打在书页长度的五分之二并距书脊至栏线三分之一处，两个眼间的直线中间位置再加打一个眼。确定位置后用锥子轻点一下标记。

穿订蚂蟥攀需打双眼，接过书脑的书双眼要一眼打在书脑上，另一眼打在接出的衬纸上。

（4）打眼

左手持锥子对准已确定的钉眼位置，锥子要保持与书垂直，右手持敲锤捶打锥子的顶端，使锥子打穿所有的书页，然后将铁锥子旋转拔出（图 5–12）。

图 5–12 打眼

（5）穿纸捻

旋转锥板，使书脑处面向自己，轻轻拉动最下面的护页，使书脑的钉眼处置于锥板外，将纸钉或蚂蟥攀穿过书眼，拉结实。将书翻过身，把纸钉向两边按倒，用敲锤敲平，剪去多余部分，两头各留下约 1 厘米左右即可。蚂蟥攀则需要先打结，打结时先将蚂蟥攀的两个头互打一个结，然后再将一个头穿过打结处再打一个结，最

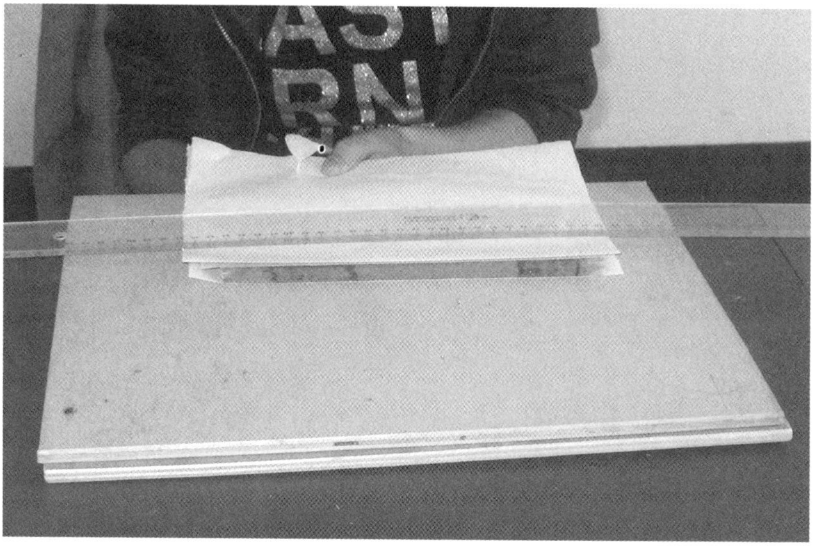

图 5-13-1 穿订纸捻钉

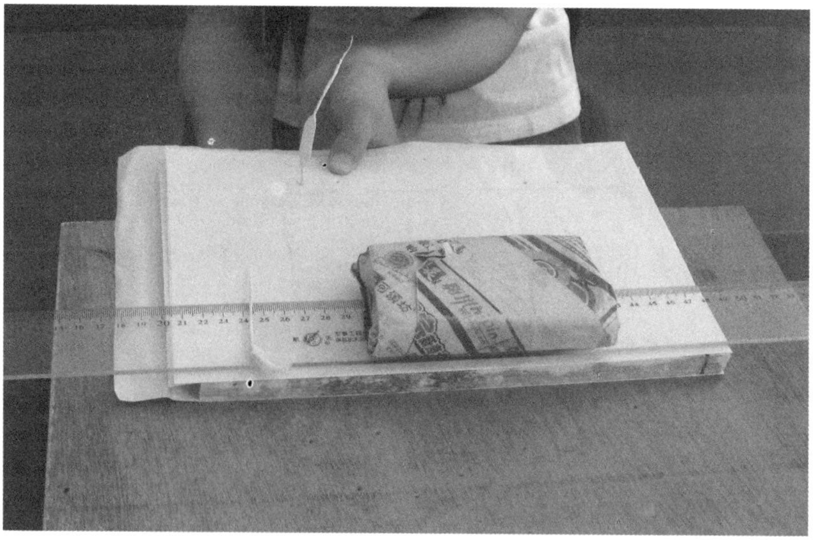

图 5-13-2 穿订蚂蟥攀

后剪去多余部分，两头留下约 1 厘米左右，用敲锤敲平打结处（图 5–13）。

14. 装书皮

书皮有单页与双页之分。单页装法有“折边单页书皮”，也称“普通皮”、“单皮”等，是最常用的一种书皮；也有“四折边单页书皮”，又称“四勒口”、“四包边”书皮，绫、绢一类的丝织品书皮多采用这种形式，因丝织品书皮边角容易脱丝影响美观，故需将其四边折回安装。双页称为“环筒书皮”，俗称“筒子皮”，是一种双层连张的书皮，因而比较结实、耐用。

修补珍本书籍，要尽可能将原书皮修补保留。如残缺过多，可将修补好的书皮放在里面，外面再加一层风格古雅配套的新书皮。

书皮有以下几种装法：

（1）环筒书皮装法

① 将对折的书皮纸裁成比书的三边（除书口）各长出约 1 厘米大小。

② 将书放在台上，书口对向自己。把书皮纸的折口部位对准书口放在书上，双手拇指顺势堵住书口，使书皮纸与书口比齐。在书口处压上重物。掀起书皮的后半部分，在纸捻上抹两点稠浆，使书皮与书粘住。

③ 将书翻身依此法装书底。若装多册的大部头书，可暂不翻身，取第二册书放在上面，并使书口比齐第一册书口，再装书皮，依次待全部装完后，盖上一块夹板，按住上下两块夹板将整部书翻身再装书底。

④ 最后将三边多余的书皮裁去。

（2）折边单页书皮装法

① 将书皮纸裁成比书的四边各长出 1 厘米大小。

② 在裁好的书皮的一条长边 1 厘米处，用针锥比着尺子划一印

痕，按印痕将书皮回折 1 厘米。

③ 把书皮放在书上，并将折口对准书口，两个拇指顺势堵住书口，使书皮与书口比齐，上压重物。掀起靠书口处书皮，在接近书口的护页上，等距离抹五六点稠浆。再掀起靠书脑处书皮，在书脑的纸捻钉上也分别抹上两点浆，使书皮与护页粘住。

④ 将书翻身，书底也依法粘上。

⑤ 将三边多余的书皮裁去。

折边单页书皮也可以在书皮纸回折的 1 厘米处，等距离点五六点浆糊，将单张宣纸的一边粘贴在离开折口一丝距离上，然后按照环筒书皮的装法装订。

（3）四折边单页书皮装法

① 将书皮裁切成比书页四边各长出约 1.5 厘米大小。

② 台上放一块夹板，将书放在夹板上，书口朝向自己，将书皮居中放在书上，用尺板和镇块压住。

③ 两手将书皮沿着书口向下磨蹭，形成一道折痕，按折痕将书皮回折，并在书口靠近中间部位点三、四点浆，将折好的书皮粘住。

④ 将书转过，使书脊朝向自己，按同样方法将书脊处的书皮余边回折，点浆粘住。

⑤ 将书转过，使书根朝向自己，两手将书皮沿着书根向下磨蹭，形成一道折痕，按折痕将书皮回折，在书角处分别将回折的书皮重叠部分用剪刀依斜角剪去，成为斜角接口状，在书根中间部位及书角上点几点浆，将折好的书皮粘住。

⑥ 将书转过，按同样的方法将书首处的书皮余边回折，点浆粘住。

绫、绢等丝织品材质的书皮折边重叠处剪的时候不要剪得过齐，最好略有一点重叠，否则容易脱丝。有些书籍因为长时间的磨损，各边已不是一条规矩的直线，这样的书在扣到书角转弯处时，可以根据书角的形状先压一条印，然后在转角处剪几道短小的豁口，再

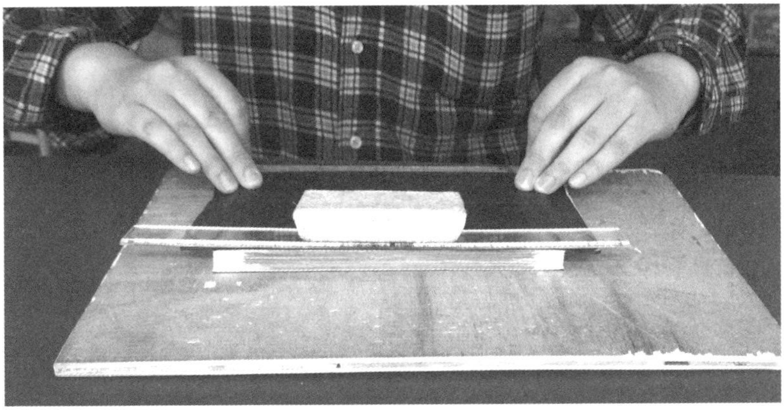

图 5–14　装折边封面

照印进行折边，这样就可以把书角勒成圆形了(图 5–14)。

15. 裁切

凡是采用托裱或衬纸方法修复的书籍，需用刀将书的三边裁切方正。裁切可用手工，也可用切纸机裁切。使用切纸机者仅限于“修旧如新”方法修复的书，如衬纸接书脑修复的书等。机器裁切时需在书上盖薄纸板以防出现千斤顶压痕(图 5–15)。

图 5–15　裁切

16. 打磨

书修补完毕后，书的三边会有毛口，为美观起见，可用砂纸打磨毛口，使其平整光滑。打磨时，在整部书上下各垫一块夹板，顿齐后，在夹板上压一块镇块，将要打磨的书边靠在桌子的一边，用砂纸打磨一遍。一般修剪的书稍微打磨即可，破损程度较轻未经修剪的书可以不磨。书根有字者可轻磨几下或不磨，以免磨掉字迹，损害古籍原貌（图 5-16）。

图 5-16　打磨

17. 打书眼

一般应尽量使用原来的书眼，以避免打眼损伤书籍。

打书眼的操作程序：

（1）确定书眼的数量

书籍一般有四眼或六眼两种。特殊的也有五个眼、七个眼，甚至十二个眼，但一般较少见，这里不作讨论。

（2）制作书眼位置的样纸

① 取一张稍厚的与书等长、宽约 4 厘米的长方形纸张作样纸，把样

纸放在书上，使其两个直角边与书脊两边的直角边对齐。

② 根据书的大小及书脑的宽度，在样纸上靠天头书角的适当部位用锥针扎一个眼，眼靠书脊与书首边的长度和宽度分别约为书的长和宽的十分之一（也可视书的大小适当调整），作为第一个眼。

③ 将样纸对折，依针眼扎第二个眼。

④ 把对折的样纸打开回折与折边对齐，依针眼扎第三眼，此时第四眼同时也在样纸上了。

这样四眼的位置定好了，一般中间两眼间的距离较旁边两眼间的距离小。

⑤ 如果要订六眼，就在四眼的基础上接着定位。将样纸打开，把天头第一眼处书眼长的一条边分为三等分，按一份的长在短边靠眼处扎眼，从此眼以及短边靠眼 1/3 处出发分别画相互垂直相交的两条直线，在交点处用锥针扎一个眼，此为第五眼。

⑥ 把样纸对折，在第五眼处用锥针扎一下，此时第六眼也在样纸上了（图 5–17）。

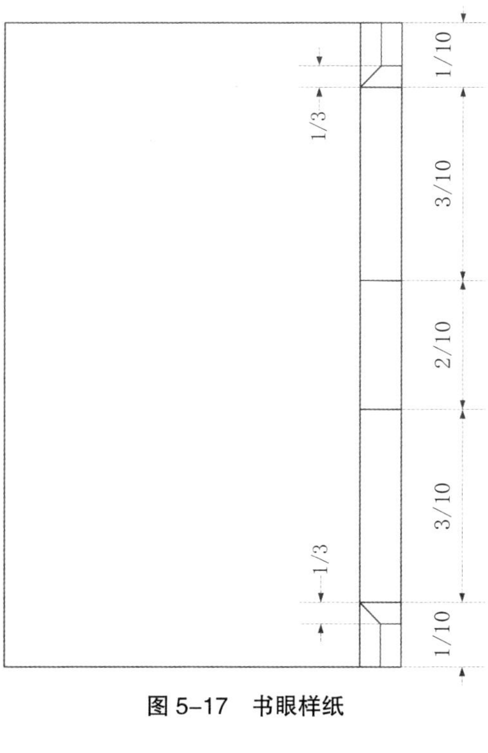

图 5–17 书眼样纸

（3）打眼

书正面向上放在锥板上，样纸放在书上，依样纸上的书眼用针锥在书上扎眼，拿去样纸，压上尺板、镇块，左手垂直持好铁锥子，右手持敲棒敲击铁锥子顶端，将书眼打通。较薄的书册，锥子打一、二下即可贯通，厚者可打三至五下。特别厚者，可双向打眼，即书册两面都确定好眼位后，从两面打穿书眼（图 5-18）。

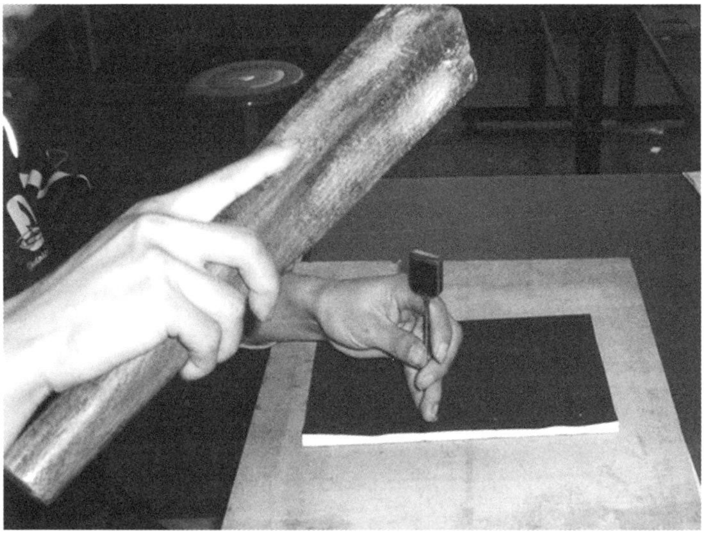

图 5-18　锥书眼

18. 包书角

历代装潢考究的古籍常用素雅的丝织物（如绫、绢等）包裹书角，使书籍更显古朴美观。

古籍修复过程中如果遇到包过角的书，特别是如果原包角纸上有字，要将包角纸仔细揭裱下来，修复后重新包裹回去。揭时可用清水闷润后将其小心取下，然后正面向下，洒水刷平于桌面上，揭去旧托纸并刮去旧浆，抻平经纬，刷上稍厚浆糊、上新托纸，最后上板绷平。

一般无包角的书修复后不再加包角，一则遵循“修旧如旧”的修复原则，二则包角涂以满浆易招虫蠹。接书脑的书为遮住接缝，可另加包角。

包角的材料一般使用托过纸的绢，也可用绫等丝织品。

书籍如果装四折边书皮，则包书角在书皮安装前操作。

包角操作步骤：

（1）制作包角的定位纸

在书眼位置的样纸上，从第一眼（最外一眼）出发往邻近两边画相互垂直的两条直线，按画好的线在纸边沿剪出两道豁口，作为包角时的定位（图5–19）。

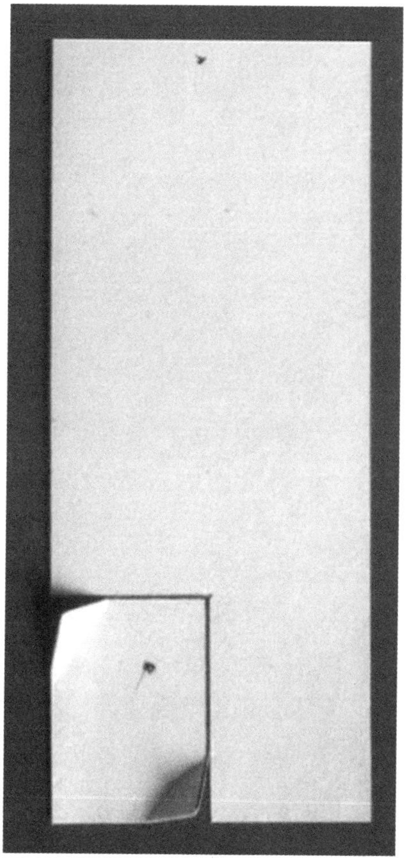

图 5–19　包角定位纸

（2）裁包角料

包角材料为长方形的小条：长＝书角长＋书角宽＋0.1 厘米，宽＝书的厚度＋ 1.5 厘米（也可视书的厚度适当增减）。

（3）包角方法

① 将定位纸放在书上，并使定位纸的直角边对齐书脑下脚（或天头）直角边，上面压上镇块。

② 左手捏住包角部位，右手中指在包角纸上抹稠浆，粘起包角纸，依照定位纸的一个豁口将其粘贴在书根上，用右手大拇指把包角纸从书根顺着书角推粘在书脊上，并与另一个豁口相齐。

③ 掀开书籍包角处书皮的一个角，用左手的拇指和食指轻轻地捏紧书角，右手将包角纸的余边折粘在书脑上。

图 5-20 包书角

④ 下角包好后，将书翻身，依法再包上角（图 5-20）。

19. 穿线

线装书多用丝线穿订，所用丝线与书册厚薄成正比，书册厚则线宜粗一些，薄则宜细一些。丝线使用时需用染料将其染成较古旧的茶色。

一般一本四眼线装书用线的长度为书长的六倍，六眼书用线为书长的八倍。具体一本书用线长度需视眼数和书册厚薄适当增减，书厚书眼多则用线长，反之则用线短。

穿订的方法：

① 将线穿在针眼内（为省去每次穿针眼的麻烦，可先在针内穿上约 18 厘米长的一段线，栓成一个小线套，以后只需将线套在线套内即可），线的两头对齐，成为双股。将书正面向上放在台上、书脑朝向自己。

② 从正面右方第三个书眼处开始由上往下穿入，将线头拉至书眼前约 2 厘米时，用针从书脊中间将线头靠中间拨进书脑内，再将

线绕上从原眼往下穿入，把丝线捋平、拉紧，右手拉紧线头，左手捏住书脑将书册翻身，将针线自上而下从第二眼穿出。此时线头被紧扣在书脑中间。

③ 将线绕上从原眼往下穿入，右手拉紧线头，左手捏住书脑将书册翻身，将针线自上而下从第一眼穿出，再将线绕上从原眼往下穿入，将书册旋转 90 度，使天头朝向自己，丝线绕过书首，再次从第一眼穿出。将书翻身，依次穿眼。

④ 如果是六眼的书，再继续将针线自上而下从第五眼穿出，将线绕过书首从第五眼往下穿入，将书册旋转 90 度，使书脊朝向自己，将丝线绕过书脊，再次从第五眼穿出，依次穿眼。

⑤ 最后回到开始时的第三眼处，将针绕过书眼两边的线形成一个线圈，再将针通过二边眼线从线圈中穿出打结拉紧，再将针线穿入原眼，将书翻身，拉紧丝线将线剪断，沿书眼留 2 毫米线头，用锥子将剪断的线头塞进眼内（图 5–21）。

注意，穿线用的缝被针，用之前需要将针尖磨圆、磨钝，这样针尖不易扎入丝线中引起勾线。

图 5–21　穿线

图 5–22 贴书签

20. 贴签

签一般用各种宣纸或绫绢等丝织品制作。

签有两种：一、书名签，二、标序签。

书名签长约为书籍长度的三分之二，宽约占书籍宽度的六分之一。粘贴的位置一般在距书首与书口约 3 毫米至 5 毫米处为宜。

标序签是填写书的次序或篇名的标签。其形状一般为正方形，边长不超过书宽的五分之二。标序签粘贴的位置：一般标序签粘贴在书名签右侧至书眼的中间，距天头不超过标序签的二分之一。

贴签的方法：将签条反面向上置于台上，左手手指按住签条，右手中指蘸厚浆，在签条的四周沿边每隔 2–3 厘米抹上一点。提起签条，将签条按正确的位置摆放在书皮上，用手指轻压使其固定，然后再垫一张宣纸来回轻按，使其粘牢，最后放上夹板轻压（图 5–22）。

四、线装书籍装修质量要求

1. 书册四边平整垂直，书口垂直整齐、书页无缩进。

2. 护页安放正确，纸捻装订位置适当。

3. 书眼垂直，书眼间隔距离适当。装订线成直线，无缠绕，松紧适宜。

4. 书皮安装服贴，边际无缩进伸出现象。

5. 包角料粘贴严密、平齐、不松、不皱，穿线正好压住包角料两边。

6. 签条大小及粘贴方法正确。

7. 打开书籍，书页的页码顺序正确无颠倒。

第二节　金镶玉式线装

金镶玉式线装是古籍修复者在对古籍进行修复时，根据古籍现状和破损情况，而采取的一种装帧形式，即在书页里面衬上一张白纸，使天头、地脚及书背三边都镶衬出白色衬纸，因衬纸洁白似玉，而原书页年代久远泛黄如金，故美其名曰“金镶玉”。这种方法既能

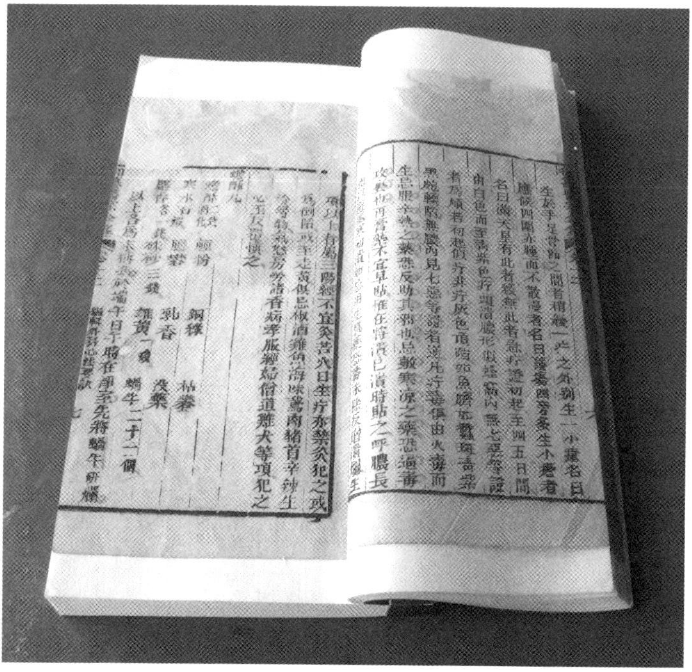

图 5–23　金镶玉装书籍

保护书籍，避免因使用过多的浆糊而对书有损，又能使原书焕然一新，显得精致美观，是历代古籍善本装修中经常使用的一种方法。

有些书特别是善本书，在装修时由于书品过小、书脑过窄、书页大小不齐或批注顶天立地等，装修时也可采用金镶玉装的方法。

金镶玉装的衬纸要选用上好的宣纸，厚度不能超过书页的厚度。因通常需装修成金镶玉装的古籍一般都质地有些发脆、韧性差，而好的宣纸具有质地柔韧、洁白平滑、细腻匀整的特性，用其做金镶玉装的镶衬用纸，能起到美化书籍，保护书页，间接地增加原书页的柔韧度的作用，从而延长古籍的保存和使用年限（图 5–23）。

一、装修流程图

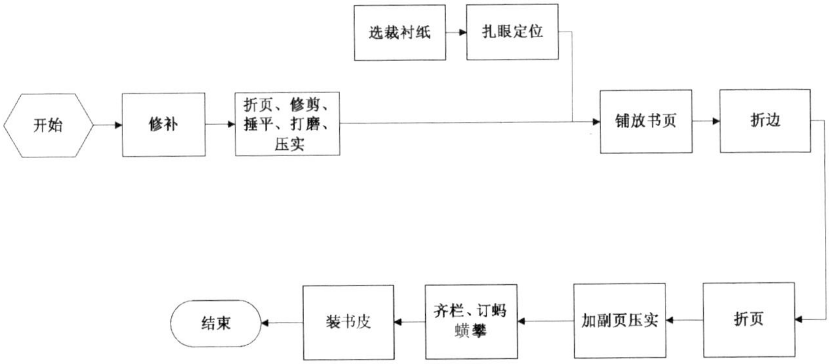

二、操作步骤与方法

1. 书页修补

书页修补时须将书脑上原有的眼都补好，包括原有的纸订眼、穿线眼等，以免镶衬后露出洞眼。破损书页如需作溜口修补，则全册书页最好都作溜口，以免影响书口的美观。

操作方法参见第四讲“修复的各种技法”。

2. 折页、修边、捶平、打磨

图 5-24　扎眼定位

参见本讲第一节“线装”中相关部分。

3. 选裁衬纸

选取与原书页厚薄相等、纸质柔软的宣纸，如罗纹纸、棉连纸等，将纸裁成比书页四周各长出 4-6 厘米大小（也可以根据镶出的衬纸大小来裁切），压平后待用。

4. 扎眼定位

将裁好压平的衬纸正面朝下放在夹板上，取最上面的一张衬纸对折后将一张书页紧套在外面，量好书页与衬纸天头地脚的距离，一般天头比地脚镶得稍宽一些，比例约为 3∶2。然后依书页右下角的拐角点，在衬纸上用针锥扎一个针孔，撤去书页，将衬纸展开放回原处，用尺板压住，用针锥按衬纸上的两个针孔分别垂直扎下去，一直扎通到最后一页衬纸。也可将书页反面朝上放在衬纸上，并使书页两边留出的衬纸相等，上下两边留出的衬纸为 3∶2，用针锥按书页左右两个下角扎一个针孔，并一直扎通到最后一页衬纸。针孔就作为铺放书页的定位点（图 5-24）。

5. 铺放书页

将书页一页一页铺放在衬纸上。操作时，将书页地脚处朝向自己，用重物将尺板压在衬纸的天头处，然后将衬纸全部翻到尺板上，底下只留一页。取一页书页，正面向下，将书页下脚两端的两个角对准衬纸上的针孔铺平，左手按住书页，右手从尺板上掀下一张衬纸铺平，再用同样的方法铺上一页书页，再掀下一张衬纸，依此类推，直至将一册书页全部铺好（图 5–25）。

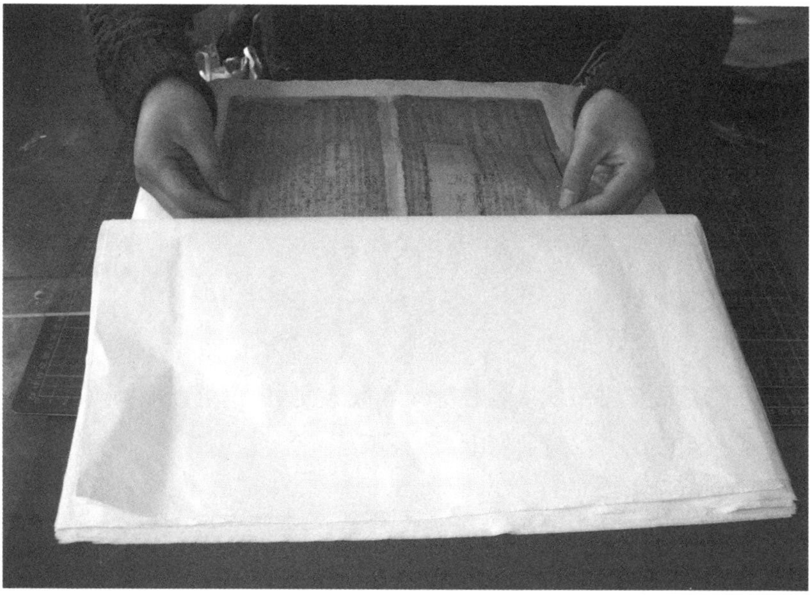

图 5–25　铺放书页

6. 折边

用尺板与重物压住铺好的书页天头处，将书页与衬纸一起翻到尺板上，掀下一页书页，再掀下一页衬纸。取一张宽 10cm、长 30cm 左右的瓷青封面纸（也可以用其他颜色较深的纸）垫在书页下面，以区分书页与衬纸的边界，将衬纸的一边回折与书页地脚边对齐。然后将瓷青封面纸取出放在折过边的衬纸上，再掀下一页书页和一页衬纸，同样将衬纸回折，依次类推。

地脚折完后，将夹板转过，使书页天头朝向自己，用尺板与镇块压住书页地脚处，按上面同样的方法折天头。

天头折完后，将夹板转过，使书页的一侧书脑朝向自己，折书脊处。方法：用尺板与镇块压住书页的一半，将书页与衬纸一起翻到尺板上，掀下一页书页，再掀下一页衬纸，将瓷青封面纸垫在书页下面，以区分书页与衬纸的边界，将衬纸一边回折与书脊边对齐，一手用马蹄刀的刀口对准天头与书脊衬纸回折的交界处，另一手捏住书脊处回折的天头衬纸的一端，将衬纸沿着刀口撕开放平，撕完一边，再用马蹄刀的刀口对准地脚与书脊衬纸回折的交界处，将地脚衬纸沿着刀口撕开放平。再依法掀下一页书页，掀下一页衬纸折下一页，依次类推。一边折完后，将夹板转过，使书页另一侧的书脑朝向自己，再按上法将书脑另一侧的衬纸回折撕开放平，依次将全书折完。

有时衬纸不够大，为了节省用纸，也可以采用贴条的方法操作。即回折部分的纸用事先裁好的纸条，以点浆的方法粘贴在衬纸上。

在折纸时须随时用手摸摸衬纸和书页，看看书页和衬纸的厚薄是否一样。如果衬纸厚书页薄，可将折回的衬纸隔几页舒开一页，以保持书页与衬纸的平整；如果衬纸薄书页厚，可隔几页在四周贴一条事先裁好的纸条，以保持书页与衬纸的平整（图 5–26）。

7. 折书页与衬纸

将书脑一边对着自己，两手中指、食指在上，大拇指在下，捏住书页与衬纸的天头与地脚，顺势将书页按中缝对折。折五六页后将书页顿齐，再折五六页后再顿齐，直至全部折完顿齐（图 5–27）。

8. 安放护页

在书页的前后各安放两页衬过纸的护页，如果安装单折边或四折边封面，再在上下各加放一对折护页。

图 5-26　折边

图 5-27　折页

9. 压实

把书页顿齐放在两块夹板中间，连同夹板一起放在压书机里压，或用铁墩、石块等压在上面。

10. 齐栏

见本讲第一节“线装”三“操作步骤与方法”12“齐栏”。

11. 订蚂蟥攀

将顿齐的书平放在锥板上，用尺板及镇块压住书口，在书脑上按书页的大小长度等距离装订三个或四个蚂蟥攀。上下两个蚂蟥攀的双眼要一眼打在书页的上下两个角上，另一眼打在天头和地脚的衬纸上，以防裁切后天头地脚的衬纸移动走样；中间一个或两个“蚂蟥攀”的双眼要一眼打在书页靠边的地方，另一眼打在书背的衬纸上，以防裁切后书背的衬纸掉下来。注意，蚂蟥攀的双眼要尽可能打在靠近书页的位置，这样有利后道裁切工序，不会裁切到纸钉（图 5–28）。

12. 裁切

用刀将书籍的三边裁切方正。可以手工裁切，也可用机器刀裁切。

13. 包书角

书角可包也可不包。

图 5–28　订“蚂蟥攀”

操作方法参见本讲第一节“线装”三“操作步骤与方法”18“包书角”。

14. 装书皮

一般金镶玉书籍的书皮都采用单折边或四折边的安装方法装订，这样可以把蚂蟥攀遮住，比较美观。

安装方法参见本讲第一节“线装”三“操作步骤与方法”14“装书皮”。

15. 锥书眼、穿线、贴书签

参见第五讲第一节“线装”中相关部分。

三、金镶玉装书籍装修质量要求

1. 衬纸的折口和书页折口紧贴无缝隙。
2. 书册四边平整垂直，书口垂直整齐，书页与衬纸无缩进突出。
3. 齐栏整齐，书页边成一条垂直的直线。
4. 护页安放正确，纸捻装订位置适当。
5. 书眼垂直，书眼间隔距离适当。装订线成直线，线无缠绕，松紧适宜。
6. 书皮安装服贴，边际无缩进伸出现象。
7. 签条大小及粘贴方法正确。
8. 打开书籍，书页的页码顺序正确。

第三节　毛　　装

毛装即不用线穿订，用蚂蟥攀将书籍系牢，三面不予裁切，因其毛茬俱在，故称为“毛装”。在古籍装帧形式中，毛装不能算是一种独立的装帧形式，因既考不清其出现的具体时代，也说不清其消逝的时间，但这种形式并不少见，如一些稿本，因天头、地脚处有批校文字，不便裁切，则多采用此种方法装订（图 5-29）。

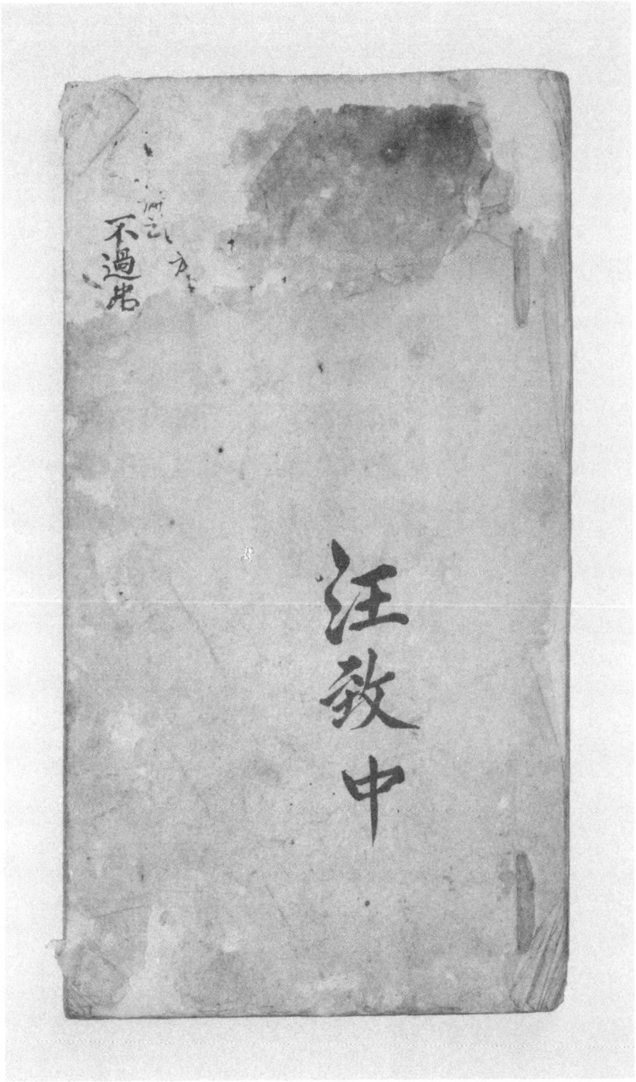

图 5-29　毛装书籍

一、装修流程图

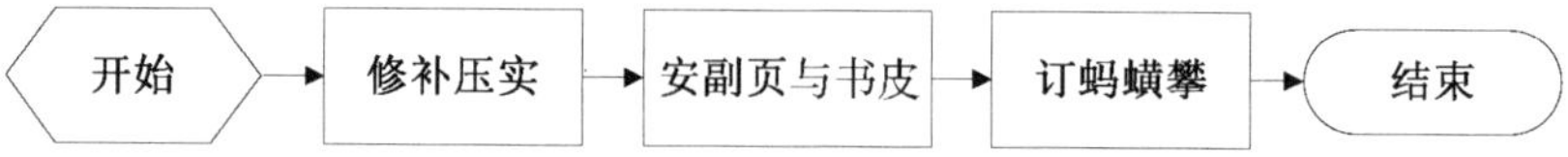

二、操作步骤与方法

1. 修补

运用第四讲中各种修补方法，将书页修补完整。

2. 折页、修剪、捶平、加副页、压实

参见本讲第一节“线装”中相关部分。

3. 装书皮

将书册安上书皮顿齐后放在锥板上，用尺板压住。根据书籍的大小，在书脑上按适当的距离打两个或三个蚂蟥攀双眼。将两头尖的纸捻钉穿过双眼，用手拉紧，翻过书本，在书的背面，将纸捻钉两端打结系紧，用敲锤捶平。

第六讲　蝴蝶装的装修技法

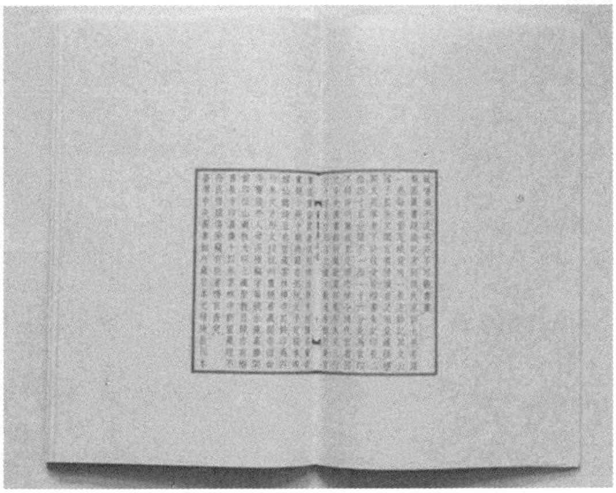

图 6–1　蝴蝶装

“蝴蝶装”简称“蝶装”，由经折装演变而来，即将书页正面朝里对折，书脊对齐后上浆用书皮纸粘裹，最后裁齐成册。翻阅时版心粘在书背上，书页两边展开，犹如蝴蝶展翅，故称“蝴蝶装”。

蝴蝶装大约出现在唐代后期，盛行于宋、元朝。《明史·艺文志·序》称：“秘阁书籍皆宋元所遗，无不精美。装用倒折，四周外向，虫鼠不能损。”表明宋元时期，蝴蝶装是普遍流行的装帧形式。

由于蝴蝶装书籍有其一些缺点，如由于不用纸捻钉及穿线，故易散页，再如翻阅时每次必须翻两页才能阅读，极不方便，因此这种装帧形式逐渐为包背装所代替。不过因其翻开书页即可看到整张书页的全貌，所以像整页画谱、地图等很适合用这种装帧形式（图6–1）。

第一节　蝴蝶装

一、装修流程图

二、操作步骤和方法

1. 修补

运用第四讲中各种修复技法将书页修补完整。

2. 折页

蝴蝶装书籍的折页与线装、包背装等书籍的折页有所不同，线装书籍折页是文字面向外，书页背面向里折页，而蝴蝶装书籍折页相反，是将书页文字面朝里对折。

折页方法参见第五讲第一节线装书籍的装修技法中的折页法。

3. 修边、捶平、加护页、压实

参见第五讲第一节“线装”中的相关部分。

4. 书背上浆

书背上浆就是将厚浆涂在书背上，然后粘上一条薄皮纸，一则增强书背的牢度，以利翻阅，二则以使书背挺刮、平整，以便包裹封面。

操作方法：将书册放在夹板中间，将作为书背的折口处对齐两块夹板的边，并露出一丝折口，上压重物。在折口上薄薄地刷一层厚浆，并使浆糊稍稍进入书口内，在书脊上按书脊的宽度粘一纸条（如果一部书有数册，也可以同时在书脊上上浆，用一张纸粘贴，干后按册用刀割开）。

5. 裁切、打磨

参见第五讲第一节“线装”中的相关部分。

6. 装书皮

先将书皮纸裁成前后相连的包裹纸，并且四周比书各长出1厘米。

书皮包裹方法：

（1）将书皮纸正面沿长边相对折一下，使其分为两个部分，宽度相差一个书脊的厚度。

（2）将书放在工作台上，书背向着自己，在书脑的中部靠近书背处涂上2–3点浆，将书皮纸较小的半页朝下，折口对齐书背粘在护页上。

（3）打开上半页书皮纸，用手指在书的书背、天头、地脚的边棱将半页封面纸磨蹭一下。把书翻过身，把另一半的书皮纸顺书背、天头、地脚的边棱也向下磨蹭一遍，使之出现折痕。

（4）将书的地脚（或天头）向着自己，打开上面的书皮纸，左手食指将书的下部稍稍撑起，将书底下的书皮按折痕把边折回，合上书皮，然后用手指顺地脚的边棱磨蹭一遍。再将书转过，天头（或地脚）向着自己，按此法把天头（或地脚）处的边也折回。

（5）把书放在夹板中间，并使书背边对齐两块夹板的边，上压重物，然后连同夹板将书移至桌边，打开上面的书皮，在书背上抹一层稠浆糊，同时在书脊的回折处用浆糊粘牢，以免包完书背后两头空虚，并在纸捻钉上抹一点浆，将书皮纸往上包紧，用尺板和镇块压住，取一张厚纸垫在书背上，用竹刮子在书背上磨蹭，使其粘得平整。

（6）把书的书口转向自己，把书口处余出的书皮纸顺书口边棱压下磨蹭，使之出现折痕，顺折痕将余出的书皮纸回折勒平，然后放开部分折进书口的书皮纸，在书口与书角处按三角形状剪去重叠部分，使书角处回折的书皮纸成接口状。在护页的天头、下脚及书口的边沿各抹三四点浆糊，在书口的两头也抹点浆，使书皮纸和护叶粘牢。把书翻过，同样操作后，放在夹板中间晾干。

7. 贴签

参见第五讲第一节“线装”中的贴签法。

三、蝴蝶装书籍装修质量要求

1. 书册三边平整垂直，书页无掉落现象。

2. 书皮包裹平挺有棱角，边际无缩进伸出现象，书脊挺刮、平整、垂直。

3. 签条大小及粘贴方法正确。

4. 打开书籍，书脊处浆糊渗透不超过 0.5 毫米，护页安放正确，书页的页码顺序正确。

第二节　线装式蝴蝶装

蝴蝶装还有另一种装修方式，即线装式蝴蝶装。线装式蝴蝶装书籍外表看似线装书籍，从展开的书页看是蝴蝶装（图 6–2）。

图 6–2　线装式蝴蝶装

一、装修流程图

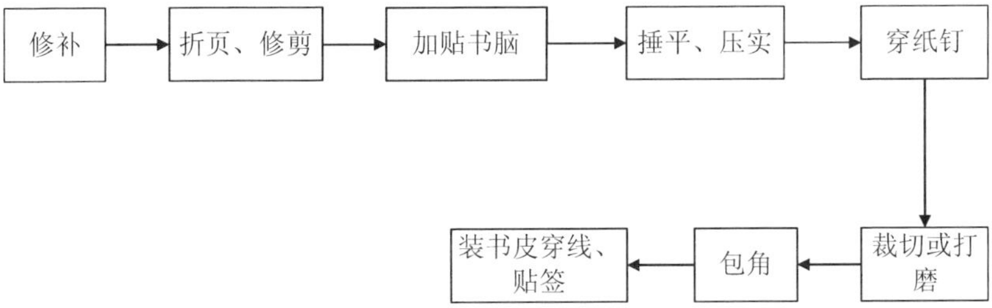

二、线装式蝴蝶装的操作步骤和方法

1. 修补

运用第四讲中各种修复技法将书页修补完整。

2. 折页

将书页文字面朝里对折。

3. 修边

参见第五讲第一节“线装”中相关部分。

4. 加贴书脑

选取与书页颜色、厚薄、材质相同的纸，裁成 5 厘米宽、与书页等高的条子。取十余页书页，每页折口之间错开 0.15 厘米排列在台上，最上一页用隔糊纸盖住。在折口处抹上稍稠浆糊，把事先裁好的纸条由下到上，一条一条地粘贴在每页折口上，粘完后上面垫一张吸水纸，用手按抚平整，使书页和纸条紧密粘合，然后一页一页地揭起放在吸水纸中夹干。用同样的方法，再粘十余条，依次类推。全部粘完后，上面放夹板，压上重物。干后按顺序理好顿齐，采用接书脑方法，将纸条的另一边回折与书页折口对齐。

5. 锤平、压实

参见第五讲第一节“线装”中相关部分。

6. 订纸捻

纸捻钉要订在加贴的书脑上。

装订方法参见第五讲第一节“线装”三“操作步骤与方法”13“穿订纸捻钉”。

7. 打磨、裁切

装修方法参见第五讲第一节“线装”中相关部分。

8. 包角

线装式蝴蝶装书籍若要包角，包角的一边要正好压住接出的书脑处。

包角方法参见第五讲第一节“线装”中相关部分。

9. 穿线、装封面、贴签

参见第五讲第一节“线装”中相关部分。

三、线装式蝴蝶装书籍装修质量要求

1. 书册三边平整垂直，书页无掉落现象。

2. 书脊粘结处平整，无凹凸现象。

3. 书眼垂直，书眼间距离适当。装订线成直线，线无缠绕，松紧适宜。

4. 签条大小及粘贴方法正确。

5. 打开书籍，书页无皱，护页安放正确，书页的页码顺序正确。

第七讲　包背装的装修技法

包背装书籍书页版心向外折叠，书脑处用蚂蟥攀紧固，书背处用书皮纸包裹，因而称为“包背装”。包背装是在蝴蝶装的基础上发展而来的书籍装帧形式，大约出现在南宋后期，流行于元代至明朝中叶，以后元、明、清历代，特别是政府官书，多取这种装式，如明代的《永乐大典》、清代的《四库全书》等皆然。包背装书籍的装订及使用较蝴蝶装方便，但装订工序仍较复杂，最终为线装所代替。

包背装有“软面”与“硬面”两种形式。软面包背装犹如现代的平装书（图 7–1），硬面包背装犹如现代的精装书（图 7–2）。

图 7–1　软面包背装

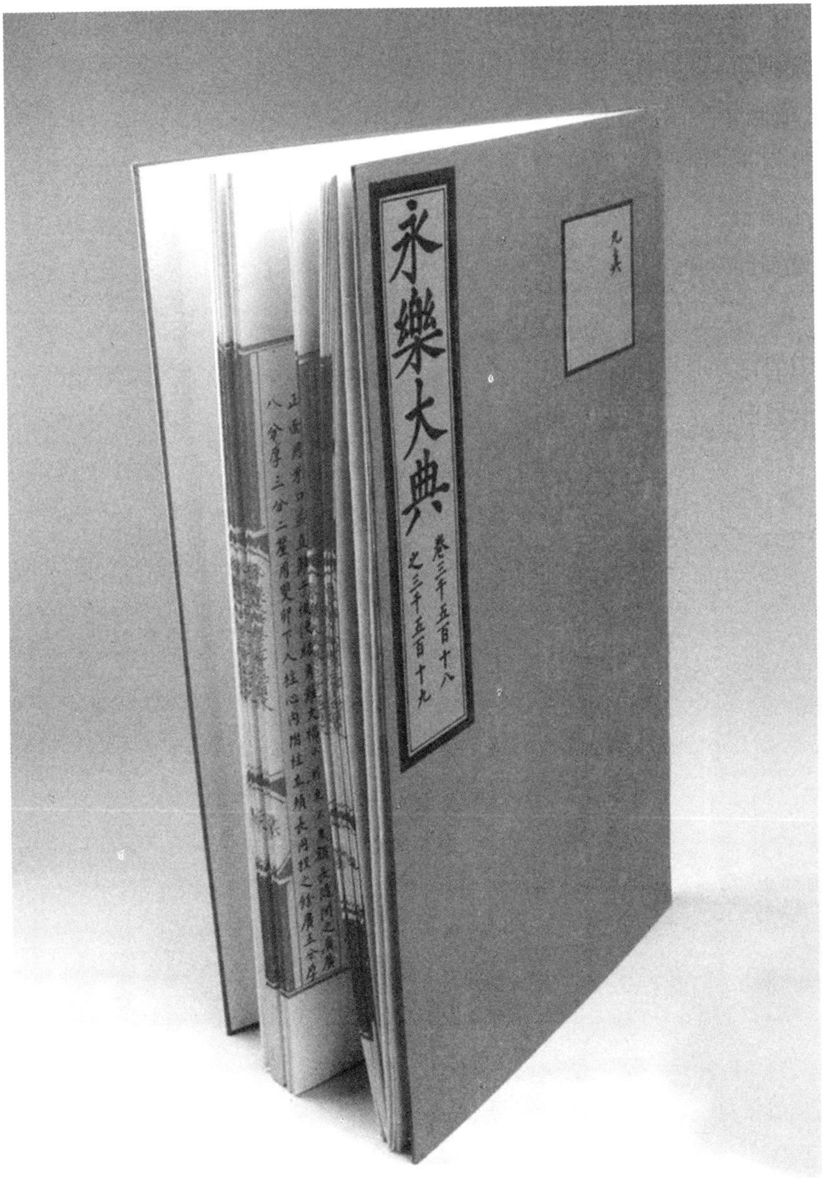

图 7–2 硬面包背装

第一节 软面包背装

一、装修流程图

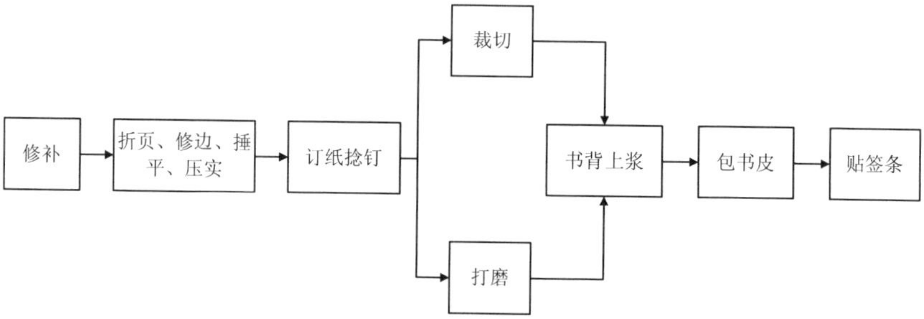

二、操作步骤和方法

1. 修补

运用第四讲中各种修复技法将书页修补完整。

2. 折页、修边、捶平、加护页、压实

参见第五讲第一节“线装”中相关部分。

3. 订蚂蟥攀

包背装书册需用蚂蟥攀将书页固定，而后进行裁切、装订等下一道工序。包背装的书一般订两个蚂蟥攀，分别打在书页长度的三分之一处，蚂蟥攀双眼间距约1.5厘米。如果书册比较大，也可等距离订三个蚂蟥攀。穿订方法参见第五讲第一节“线装”三“操作步骤与方法”13“穿订纸捻钉”(图7–3)。

4. 裁切、打磨

参见第五讲第一节“线装”中相关部分。

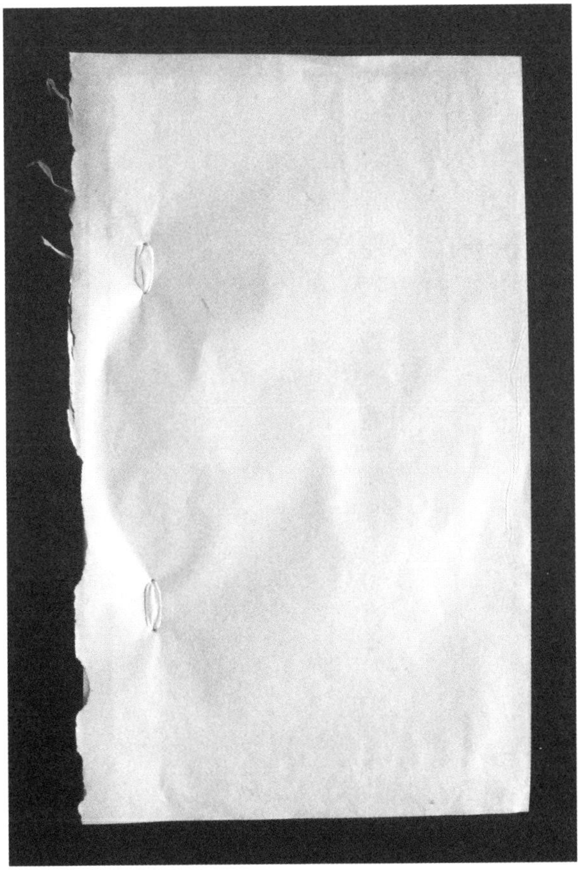

图 7–3　订蚂蟥攀

5. 书背上浆

包背装书籍在装书皮前需在书背上涂抹一层稠浆，然后粘上一条薄皮纸，以使书背挺刮、平整，以便书皮的包裹封面。

操作方法：将书册的三面裁切整齐或打磨平整，放在夹板中间，并使书背边对齐两块夹板的边，上压重物，然后连同夹板将书移至桌边，在书背上薄薄地刷一层厚浆，按书背的宽度粘一纸条。或者将一部多册的书，同时顿齐，在书背上刷上稠浆糊，粘一整张纸，干后用刀割开。

6. 包书皮

参见第六讲第一节“蝴蝶装”二“操作步骤和方法”6“装书皮”。

（7）贴签

参见第五讲第一节线装书籍的装修技法中的贴签法。

三、软面包背装书籍装修质量要求

1. 书册三边平整垂直，书口垂直整齐、书页无缩进伸出现象。

2. 蚂蟥攀装订位置正确，两个蚂蟥攀之间成直线，并离书口距离相等。

3. 书皮纸包裹服贴有棱角、边际无缩进伸出现象，书脊挺刮、平整、垂直。

4. 签条大小及粘贴方法正确。

5. 打开书籍，护页安放正确，书页的页码顺序正确。

第二节　硬面包背装

一、装修流程图

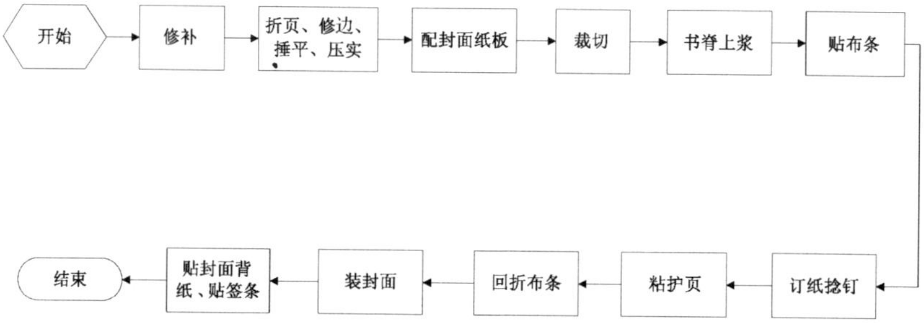

二、硬面包背装的装修步骤和方法

1. 修补

运用第四讲中各种修复技法将书页修补完整。

2. 折页、修边、锤平、加护页、压实

参见第五讲第一节“线装”中相关部分。

3. 将书页顿齐，前后各放一块纸板（纸板的厚度一般为0.2–0.3厘米），将纸板和书一起裁切整齐，上下纸板做好记号，待装（图7–4）。

4、书脊上浆

顺书脊抹一层稠浆糊，上面粘一纸条，以使书背挺刮、平整，以便包裹封面，待干（图7–5）。

图7–4 放纸板

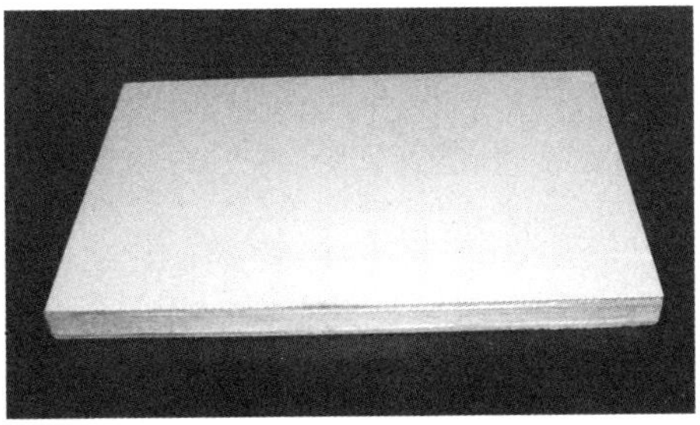

图7–5 书脊上浆

5. 贴布条

裁一条宽约4cm、与书等高的布条（也可以用绫绢条），将托纸面相向对折，两端各从距布条角2毫米处向折角端点剪去一个小三角，以免装上封面后布条露出，待用。撤去纸板，打开半页护页，用尺和镇块将书压住，在布条的一半即2毫米的绫绢面上抹浆，使折边与书脑边比齐粘贴在书脑上，书脊外留出另一半绫绢条。

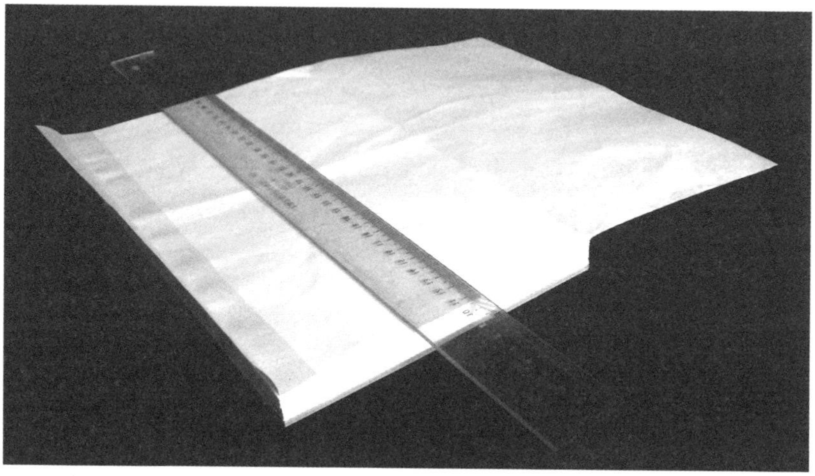

图 7–6　贴布条

将书籍翻身，在后面的护页上也依法贴上布条，用重物压上待干（图 7–6）。

6. 订蚂蟥攀

按照软面包背装蚂蟥攀的安装方法在书脑上适当的距离打两个或三个蚂蟥攀，眼要打在布条上。将两头尖的蚂蟥攀穿过双眼，用手拉紧，翻过书本，在书的背面，将蚂蟥攀两端打结系紧，用敲锤捶平。为使蚂蟥攀牢固，搓蚂蟥攀时，可在纸内加入一条丝线（图 7–7）。

7. 粘护页

将打开的上下护页边各裁去一丝，在护页的边上抹上约 0.2cm 宽的浆糊，将上下护页各粘贴在布条上，压上重物待干（图 7–8）。

8. 装硬封面

① 回折布条

将露在书脊外的布条回折，并与书脊的边棱对齐（图 7–9）。

② 包封面

裁一张前后相连的包裹纸板的书皮，四周比书页各长出 1.5cm。

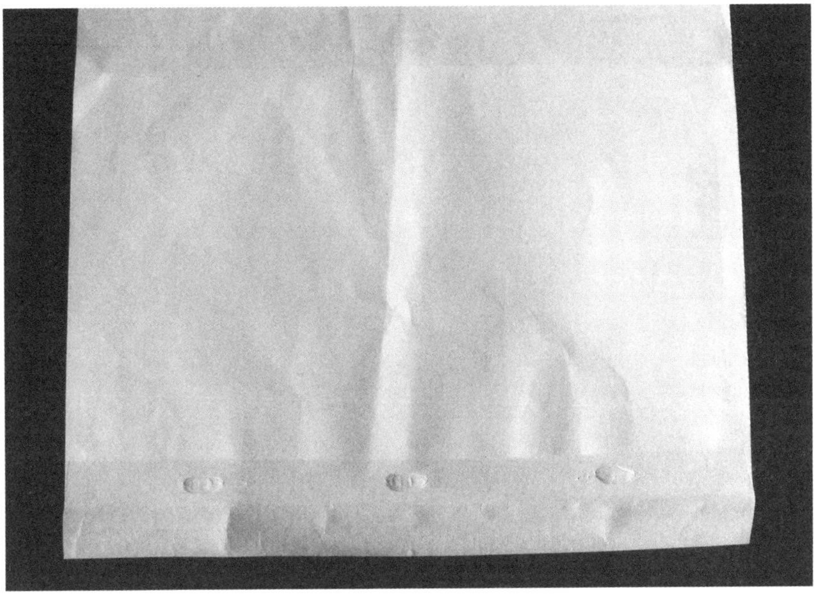

图 7–7　订蚂蟥攀

图 7–8　粘护页

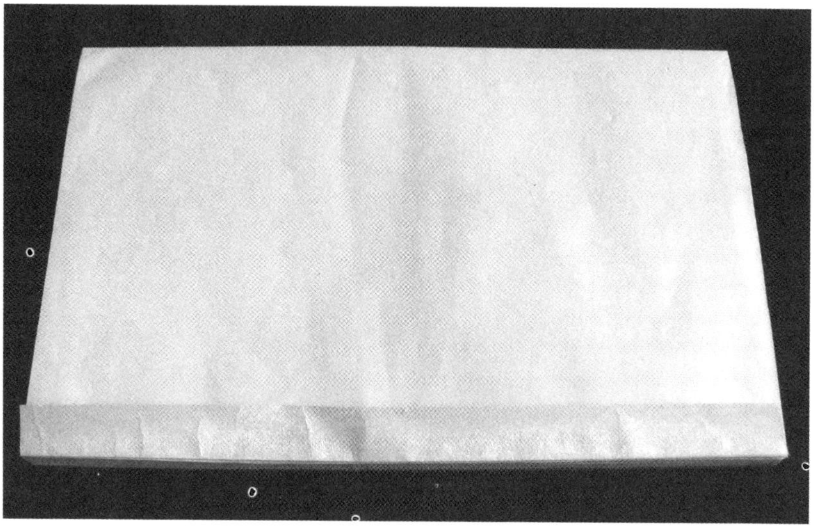

图 7–9　回折布条

在纸板上刷一层稠浆糊，将书皮对准纸板刷上，书口和两边各留 1.5cm，把书皮用棕刷刷平，用手指顺书脊边棱向下磨蹭，使之出现折痕，把书翻过身，左手将书皮轻轻拉向左边，右手将书皮顺书脊边棱磨蹭，使之出现折痕，打开书皮，在纸板上刷一层稠浆糊，再合上书皮将书皮刷平在纸板上。

将纸板展开，取出书本，在纸板四周余出的书皮上抹浆，将四周的书面纸余边回折包住纸板，包到纸板的四个角时，可把回折的书面纸打折粘贴在纸板上（或者在纸板四周书角处按三角形状各剪去一个三角，使靠角上的书面纸留出约 0.5 厘米，用两个手的大拇指先将两边回折的书面纸用指甲将其压平在书口侧面的平面上，然后把书口余出的书面纸折回粘贴在板上），将书角包好，晾干待装（图 7–10）。

③ 装封面

把隔糊纸放在靠书脊的布条下，在布条上抹上稠浆糊。撤去隔糊纸，将包好书皮的上纸板的边与书册的三边对齐，将其粘贴在布条上。掀开封面，在布条下垫一张吸水纸，防止布条上的潮气影响书籍。然后将书籍翻身，按上法把隔糊纸放在靠书脊的布条下，在

图 7–10　包封面

图 7–11　装封面

布条和书脊中间抹上稠浆糊，将包好书皮的另一面纸板的边与书册的三边对齐，将封面粘贴在布条上，在书脊处将书皮按抚平整，掀开封面，在布条下衬一张吸水纸，防止布条上的潮气影响书籍，最后用竹刮子将书脊刮平粘牢，上压重物，待干（图 7–11）。

④ 贴封面背纸

待书脊及布条上的浆糊干后，打开封面，在封面纸板的背面粘贴一张比纸板四周各小 0.2 厘米的宣纸。在宣纸上放上一张厚的吸水纸，防止宣纸的潮气影响书籍。合上封面，将书翻身，按上法在封底纸板的背面也粘贴一张比纸板稍小一些的宣纸，垫上一张厚的吸水纸，合上封底。用夹板夹起并压上重物。纸板背面的宣纸刚粘上时，要经常换吸水纸，以防书页受潮（图 7–12）。

图 7–12 贴封面背纸

9. 贴签

参见第五讲第一节“线装”中相关部分。

三、硬面包背装书籍装修质量要求

1. 书册三边平整垂直，书口垂直整齐、书页无缩进伸出现象。

2. 蚂蟥攀装订位置正确，两个蚂蟥攀之间成直线，并离书口距离相等。

3. 封面包裹服贴，书脊挺刮、平整、垂直。

4. 签条大小及粘贴方法正确。

5. 打开书籍，书页平整无皱，护页安放正确，书页的页码顺序正确。

第八讲　册页的装修技法

第一节　折　　装

折装书籍由卷轴装演变而来，是对卷轴装书籍的一种改进。即把卷子按照一定的宽度折叠成前后相连的长方形的折子，然后在前后各装上较厚硬的封面，也有装上前后相连的封面纸，打开如同一个筒子。折装书籍合起来时像一本长方形的书本，翻阅时成折叠状。这种装帧形式比卷轴装简单，方便，它打破了数千年来的卷子形式，是以后向册页装转变的重要一步（图 8–1）。

图 8–1　折装

一、装修流程图

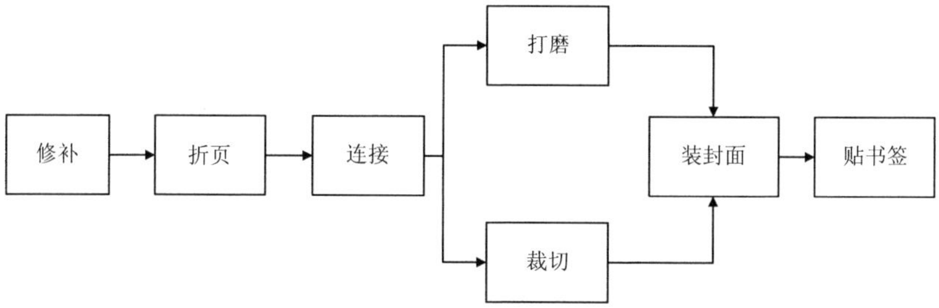

二、操作步骤与方法

1. 修补

将破烂的折子书页从头开始，每隔几页将接缝处揭开，然后将揭开的一截书页按“修补法”或“托裱法”将其修补完整。修完第一截再修第二截，依次将书页全部修补完整。按“托裱法”修补的书页，需将托补好的每段书页晾至七八成干，然后洒一些清水闷润，上贴板绷平。

2. 折页

将每段折子书页按原折口折齐。

新装修的或托裱修复的折子书页，可参照本讲第四节拓片类册页的五镶经折式折页方法折页，即每 5 版为一截的折页法。折页须在折板上进行，折板可自行制作，板长约 70 厘米，宽约 50 厘米，木板以竹条镶边，以免变形。

折页方法：

（1）将折板放在台上，使折边靠近台子的边沿。在折边以内按折子书本的宽度，放一把厚尺（或尺板），上压重物。

（2）将一截书页中的第二与第三版间的分心处对折，捋压实。

（3）将折口紧靠尺，用手将下面的书页沿竹条的边往下捋压，将书页放在台上，按捋压过的折痕将书页折叠压实。再将折口紧靠尺，用手将另一页书页沿竹条的边往下捋压，将书页放在台上，按捋压过的折痕将书页折叠压实。

（4）将书页转过，使已折好的2页书页的折口紧靠尺，用手将下面的书页沿竹条的边往下捋压，将书页放在台上，按捋压过的折痕将书页折叠压实。再将折口紧靠尺，用手将另一页书页沿竹条的边往下捋压，将书页放在台上，按捋压过的折痕将书页折叠压实。

如此将一截书页折好，余出约1厘米的边料作为粘贴的耳子。折完一张再折一张，直至全部折好，压平。

3. 连接

将折好的书页按顺序顿齐，在耳子处点浆粘连。

4. 打磨、裁切

按“修补法”修补的书页，折页连接后，用砂纸把天头和地脚打磨平整。

新装修的折子书籍用刀将天地头裁齐。

5. 装封面

折装书籍封面有软面和硬面两种：

软面装修法：

（1）将书皮裁切成比书页四边各长出约1.5厘米大小的二张封面。

（2）取一张书皮放在书的中间，四周各留出1.5厘米，用尺板和镇块压住。

（3）书口朝向自己，两手将书皮沿着书口向下磨蹭，使书皮形成一道折痕，按折痕将书皮回折，在书口边上点几点浆，将书皮粘住。

（4）将书转过，书脊朝向自己，两手将书皮沿着书脊向下磨蹭，使书皮形成一道折痕，按折痕将书皮回折，在书脑靠书脊中间部位点几点浆，将书皮粘住。

（5）将书转过，书首朝向自己，两手将书皮沿着书首边沿向下磨蹭，使书皮形成一道折痕，按折痕将书皮回折，在书皮角上分别将回折的书皮重叠部分用剪刀依斜角剪去，成为斜角接口状，沿书首边沿及两个书角上点几点浆，将书皮粘住。

（6）将书转过，书根朝向自己，两手将书皮沿着书根边沿向下磨蹭，使书皮形成一道折痕，按折痕将书皮回折，在书皮角上分别将回折的书皮重叠部分用剪刀依斜角剪去，成为斜角接口状，沿地脚边沿及两个书角上点几点浆，将书皮粘住。

硬面装修法：

（1）将两块厚度约 0.2 厘米的纸板裁切成与折子书籍大小相等，作封面与封底的胎。

（2）将蓝布（或瓷青纸）裁成四边比胎板各长出约 1.5 厘米大小。

（3）在布料（或瓷青纸）背面刷满稍稠浆糊并将其糊于胎板上，四周包回（为防浆从布料中渗透出来，也可将浆刷于胎板上）。

（4）裁一张稍小于胎板规格的双层宣纸，刷满稍稠浆糊，粘贴于胎板背面。

（5）胎板晾干后，在胎板背面的四周沿边抹一条厚浆，将胎板分别放在折子的上面及下面，与副页的四边相粘贴，压实待干。

封面安装也有类似软面包背装封面的安装的方法，只是书脊上不抹浆，装上前后相连的封面纸，打开如同一个筒子。

6. 贴书签

在靠近封面左上角两边各约 0.3 至 0.5 厘米处，粘贴一张长约为封面长的十分之七至三分之二、宽约为封面宽的六分之一的仿古宣作书签。

三、折装古籍的装修质量要求

1. 册子四边平整、垂直。
2. 书页为 5 版一帖粘连。
3. 封面包裹正确平服。
4. 签条大小及粘贴位置正确。

第二节 尺牍类册页

尺牍，也称作信札、书信，是人们传递信息、交流情感、切磋学术而形成的文献，具有重要的史料价值。同时，尺牍皆是手稿墨迹，尤其是名人、书法家的手稿墨迹，实可视为珍贵的艺术品。自古以来，尺牍向为人们所珍视，成为私人或图书馆收藏的重点。尺牍的装裱具有其特殊性，因尺牍是由一封封大小不一的信笺所组成，而且每通尺牍往往都带有附件，如信封、公文套、名刺等，凡此都是重要的史料或艺术品，应作相应的处理，使其既不脱离原函，还能保持原有的风格进行装裱。

尺牍类文献的装裱形式主要有以下几种：

1. 片式

片式尺牍，即将尺牍装裱成一幅幅单片。此法适宜于具有书法鉴赏价值且内容较短、笺纸不多的尺牍，经装裱后可装入镜框或直接悬挂，供展览、观赏之用。

也有单片尺牍按册页的方法装裱，对折后四边裁齐，供展览、观赏或保存。

片式尺牍的装裱方法与书法类文献镜片的装裱方法基本相同。

2. 卷轴式

卷轴式尺牍适宜于有书法鉴赏价值、内容较长、页数较多的尺牍。这种装裱形式，既便于收藏，又便于观赏。卷轴式尺牍，可以是一位著者的数通尺牍装裱成一卷，也可以是几位著者的尺牍装裱成一卷。

卷轴式尺牍的装裱方法与书法类文献手卷的装裱方法基本相同。

3. 册页式

尺牍的装裱形式比较常见的是册页形式，装修方法以下作介绍。

4. 册页线装式

对于数量较多的尺牍，可采用册页线装式的装帧方式，装修方法以下作介绍。

一、册页式

册页式尺牍是一种比较常见的尺牍装裱形式，适宜于数量较多，且较珍贵的尺牍的装裱（图8-2）。

图 8-2　册页式尺牍

册页装以翻板式居多。翻板式册页由心子、镶料、背纸和封面四部分组成，由两页对折而成一开的数开册页片粘连而成。翻板式册页又分为：蝴蝶式（裱件心子为横窄竖长，装裱形式为左右翻阅的竖式册页，俗称“蝴蝶式”）；推篷式（裱件心子为竖窄横宽，装裱形式为上下翻阅的横式册页，俗称“推篷式”)。蝴蝶式册页每开右边装裱件心子，左边为空白题跋纸。也可每开左右各装一幅裱件心子，或每开左右为一件裱件心子。推篷式册页每开下面一页为裱件心子，上面一页为空白题跋纸。也可每开上下各装一幅裱件心子。

册页式尺牍主要以翻板蝴蝶式装裱。也有散装式即以镜片的形式装裱。

(一)装裱流程图：

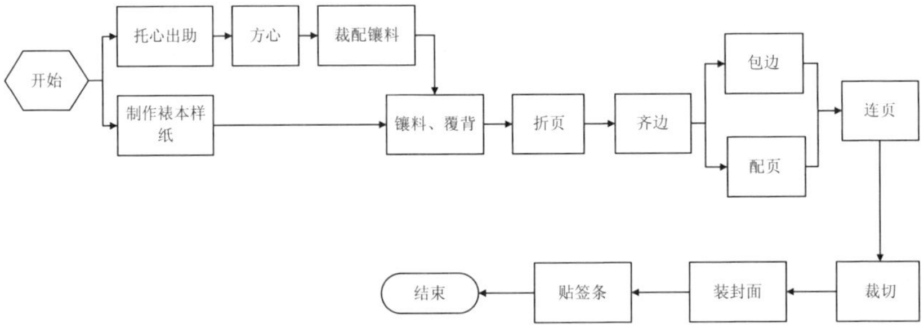

(二)操作步骤与方法：

1. 制作裱本样纸

册页式尺牍的装裱通常在一块玻璃板上进行，裱本样纸压在玻璃板下。裱本样纸的制作：取一张白纸，在纸的四周画出尺牍装裱的规格尺寸，如装裱完后裱本若高为33厘米，宽20厘米，则在白纸上画一个高33厘米，宽20×2=40厘米的长方形。然后根据信札在纸上应占的位置，画出天、地、隔水及边的位置。如果整本册页里的信笺大小一致，此即为托裱信札的标准样纸(图8–3)。如果整本册页里的信笺有大有小，则需用笔在天头线内外每隔0.5–1厘米分别画几条平行线，地脚线内外也每隔0.5–1厘米分别画几条平行线，在隔水两边也每隔0.5–1厘米分别画几条平行线，将此作为托裱信札的标准样纸(图8–4)。裱本样纸的天头一般大于地脚五分之一，隔心与边宽相同或略小。

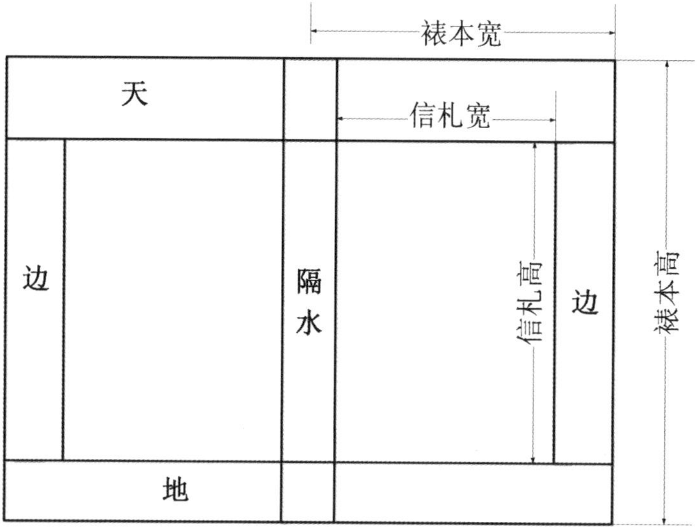

图 8–3　裱本样纸（一）

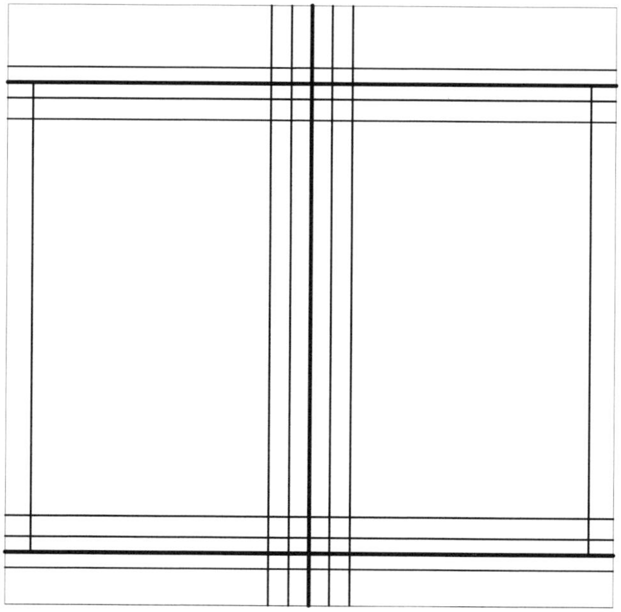

图 8–4　裱本样纸（二）

2. 裱信笺

信笺的托裱方式有接镶裱和挖镶裱二种。

接镶裱的操作方法有两种，第一种先刷复背纸再粘贴镶条。操作方法：

（1）取两页信笺，正面朝下依裱本样纸的位置摆好，前一页放在左边，后一页放在右边（如果裱本样纸天头朝下压在玻璃板下，则前一页放在右边，后一页放在左边）。如果信笺太大，超过标准纸样规格线，则可采用以下两种方法：①每开只放一页信笺，并居中摆放。②将超出部分往正面折叠进去，不予刷浆。

（2）事先将复背纸裁成比裱本样纸四边各长出约2厘米大小。在信笺上刷稀浆，将复背纸依裱本样纸刷上。

（3）在复背纸上刷浆，取宣纸条覆刷在复背纸的天头、地脚、两边及隔心处（即背面无信笺处），以免出现凹凸不平的现象。刷条时，先刷贴天头地脚，再刷贴二边和隔水处。刷贴隔水处时将事先裁好的比隔水宽度稍宽一丝的宣纸条，一边与天头边稍稍相压，将衬条刷上，然后一手用马蹄刀的刀口对准衬条与地头边相接处，另一手捏住衬条的一端，将衬条沿着刀口撕开。用同样的方法刷贴二边。

（4）再刷上四层托纸（托纸的层数可依照所用托纸的厚薄及册页页数的多少决定，托纸厚或页数多，托纸可少托一、二层，反之则多托几层），上壁绷平。

接镶裱的第二种方法即先刷贴镶条再复背。操作方法：

（1）取事先裁好的天头及地脚的镶料，用浆刷将其分别刷平在天头和地脚的位置上。

（2）取事先裁好的边镶料和隔水镶料，用浆刷将其分别刷平在边料和隔水的位置上。刷时将镶料的上边稍稍压在天头的镶料上，下边用马蹄刀的刀口对准镶料与地头边相接处，将镶料沿着刀口撕开。

（3）取两页信笺，正面朝下依裱本样纸的适当位置摆好，并使信札的四边压在镶料上一丝。然后刷上五层托纸，上壁绷平。

信笺挖镶裱的操作方法参见第八讲书法类册页的挖镶装裱方法。

3. 裱信封

尺牍在传递过程中，为保密、保护或投递方便，一般外面都套有信封。因信封也有极其重要的收藏价值：如收函者的姓名、官衔、地址等对于考证收信者是不可或缺的史料；信封上传递方式、时间等的记载，对于研究邮政及交通发展有极重要的价值；特别是公文函件，有特制的信封，贴有封条，有的加盖关防官印，封有火漆印，更是弥足珍贵的文物。因而信封等附件要与原尺牍同时装裱，既便收藏，又不失其价值。信封的装裱可依下列方法进行处理：

（1）将信封沿右边裁开（不要沿中间原粘接处揭开，因原粘接处往往贴有封条或钤有关防官印，或封有火漆印，会造成损坏），保留封口信舌。

（2）原信封往往由双层纸裱成，因年久较旧，有起壳现象，装裱时一般将托纸揭去，再行装裱。如果原信封纸较薄，而托纸为衬托信封纸的印花纸，则须将原托纸和信封纸一起重新裱托，再进行装裱。

（3）按托裱信笺的摆放方法及复背方法托裱信封。

4. 齐边

按裱本的大小留出约6毫米的裁切余地，将册页片的左、右、下三条边裁去。

5. 折页

将册页片正面朝上放在台上，用尺对准中线，左手按尺，右手执竹起子，沿着尺子划出折痕，随即翻起右半页，齐界尺捋出一条折印，拿去尺，再将折印揿研平实。按此法将全套册页折完、叠齐、压实。

6. 配页

把册页片按一定的次序整理后，前后各配上 2 页副页。

7. 连页

将整套册页按顺序错开排列成阶梯状，每页间留出约 1.5 厘米的空隙，在空隙处点厚浆，然后两手轻轻提起册页的两边，将册页的折缝处顿齐，下边也基本顿齐，待裁切。注意，抹浆面积不能过大、过湿，否则册页不平。

8. 裁切

用机器刀裁切册页的三个边。如果安装锦包面封面，封面纸板可与册页同时裁切。

9. 装封面

册页封面都为硬板式，且装潢丰富多彩，常用的封面材料有以下几种：

（1）木板面

木板面可用红木、樟木、楠木等优质木料制成，面板大小与册页相同，板面厚约 0.4 到 0.6 厘米左右。正面锉去四边的棱角，并上蜡打光，取其木质原色。也可采用一般质地较细不易变形的木料制成，正面涂以漆料。

（2）嵌锦木板面

制作方法：

① 将木板按册页大小裁好，每边也可大出一丝，四周镶以优质木料（如红木、紫檀木等）边框，边框宽约 1 厘米，上面为圆弧形。

② 将薄纸板按板面中间边框内的规格裁切，把包面锦裁成四边比纸板各长出约 1.5 厘米大小、长出部分为回包余地，在纸板背面的四边刷 1 厘米宽的浆口，锦略润清水后，将纸板放在锦上，四周回包粘贴在纸板上，行话称“空绷纸板”。

③ 在板框内点浆，将空绷纸板嵌于木板上。

（3）锦包面

以硬纸板或薄木板做胎，用锦糊就。硬纸板的厚度约 0.3 厘米，薄木板采用五层椴木胶合板为上，优质纤维板亦可。

制作方法：将锦裁成四周比胎板各长出约 1.5 厘米大小，在锦料背面刷满稍稠浆糊，将纸板放在锦料中间，并使锦的花纹对齐纸板的四边刷平。将纸板四周的余料回折包住纸板，包到纸板的四个角时，可把回折的料打折粘贴在纸板上（或者在纸板四周的角处按三角形状各剪去一个三角，使靠角上的料留出约 0.5 厘米，用两个手的大拇指先将两边回折的料用指甲将其压平在书口侧面的平面上，然后把书口余出的锦折回粘贴在板上），将角包好，然后在纸板背面粘贴一张比纸板的四周各小 0.3–0.5 厘米的白纸，晾干后待装。

封面安装法：在封面背面四边抹一条 1 厘米宽的厚浆，将封面放在册页的上面，与副页的四边相粘贴，册页底面也按此法装上封面，压实待干。或者在副页的一条耳子上抹浆，将封面放在册页的上面，使封面的一边与副页的耳子粘贴，册页底面也按此法装封面，压实待干。

10. 贴签

签条通常选用洒金宣或深色仿古色宣。也可将签条托裱成四周镶有 0.15 厘米宽的白色软出助（出助，参见第九讲第三节“立轴”中相关部分）。

签条长约为封面长的十分之七至三分之二之间，宽约为封面宽的六分之一。

蝴蝶式册页的签条贴在册页封面的左上部位，距边口约 0.5 厘米。推蓬式册页的签条贴在册页封面的中上部位，距上边口约 0.5 厘米，刷满浆粘贴。

木面册页面不贴签条，可请名人题好签，镌于上面，字口再涂以金粉或石绿。

双面使用册页两面各贴一张签条。

二、册页线装式

对于数量较多，笺纸格式、大小不一，且有附件的尺牍，可采用册页线装式的装裱方式进行装裱（图 8–5）。

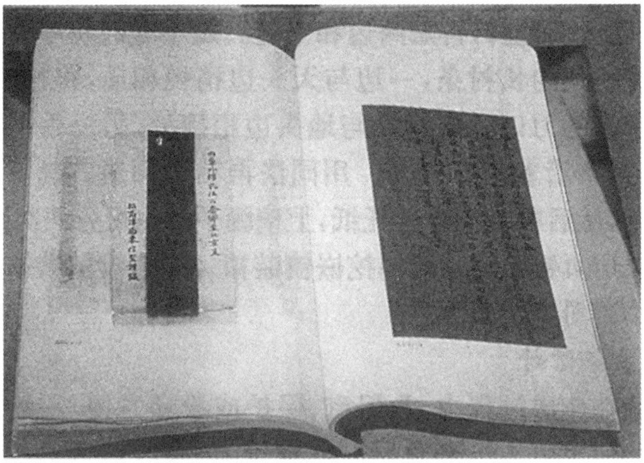

图 8–5 册页线装式

（一）操作流程图：

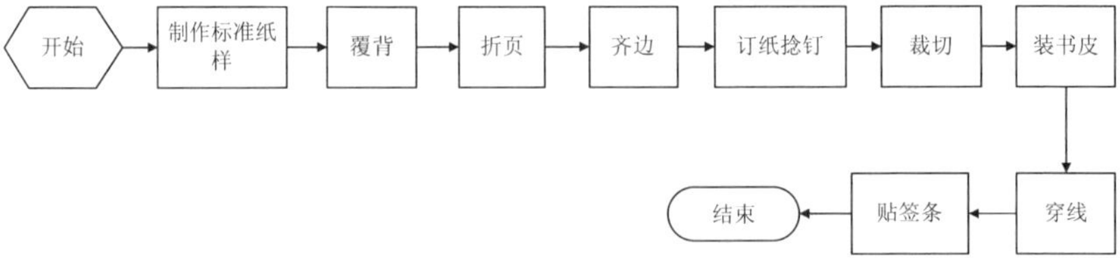

（二）操作步骤与方法：

1. 制作裱本样纸

参见册页式裱本样纸制作法。

2. 复背

方法与册页式装裱基本相同，只是不加托复背纸。取二页信笺，正面朝下，依裱本样纸在适当位置摆好，在信笺上刷稀浆，将复背纸刷上，再在复背纸的天头、地脚、两边及隔水的空白处（即背面无信扎处）刷浆，取宣纸条复刷在复背纸的天头、地脚、两边及隔水的空白处，以免出现凹凸不平的现象，然后四面沿浆，上壁绷平。

3. 折页、齐边

参见册页式折页、齐边方法。

4. 订纸捻钉、裁切、装封面、穿线、贴签

参见第五讲第一节“线装”中相关部分。

三、尺牍类册页装裱质量要求

1. 书册四面平整、垂直，无起刺断裂现象。

2. 封面安装无起翘现象，锦面包裹花纹排列整齐。

3. 册页心托裱平整洁净，无跑墨脱色，镶接处平整且接缝宽度适宜相等。

4. 书册镶料的尺寸、长宽比例合理。

5. 签条大小及粘贴方法正确。

6. 书册页码顺序正确无误。

7. 册页线装式纸捻装订位置适当。书眼垂直，书眼间隔距离适当。装订线成直线，线无缠绕，线松紧适宜。

第三节　书法类册页

册页也是我国传统的书法装裱形式之一，一些小幅面的书法作品、扇面等，都以册页的形式进行装裱，既便于欣赏又利于收藏（图 8-6）。

图 8-6 书法类册页

一、书法类册页装裱的种类

1. 翻板式

常见的书法类文献册页装以翻板式居多。翻板式册页由心子、镶料、背纸和封面四部分组成。册页都是由两页对折而成一开的数开册页心粘连而成。通常每开一页装裱一幅书法作品（即心子），另一页空白供后人题跋之用。每本册页前后各加两页副页，以供题跋及连接面板之用。

翻板式册页的开数一般均取双数，少则八开，多则二十四开成一册，太少不足成册，太多不便展阅。

翻板式册页又分为：

（1）蝴蝶式

书法心子为横窄竖长，装裱形式为左右翻阅的竖式册页，俗称"蝴蝶式"册页。蝴蝶式册页每开右边装心子，左边为空白题跋纸。也可每开左右各装一幅心子，或每开左右为一件装裱心子。

（2）推篷式

裱件心子为竖窄横宽，装裱形式为上下翻阅的横式册页，俗称“推篷式”册页。推篷式册页每开下面一页为裱件心子，上面一页为空白题跋纸。也可每开上下各装一幅裱件心子。

2. 散装式

也称“活册页”。单幅以镜片的形式装裱，边际进行卷边或包边处理，背纸比镜片多两层宣纸，无需折页和装面。全套以盒收装。规格有横式、竖式、正方。

二、操作流程图

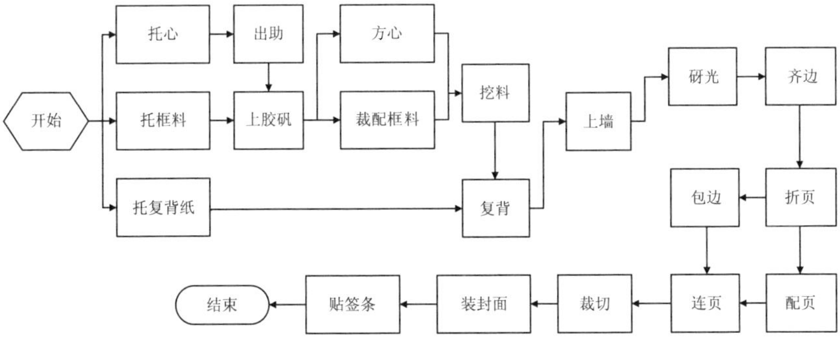

三、操作步骤和方法

1. 托心、方心、出助

托心，即将一张比心子四周各大出 1.5 厘米的宣纸托裱在心子背面，以起到平整作用。方心，即将托过的心子四边裁正。册页心子可出助（出助须软出助）也可不出助。托心、方心、出助具体方法参见第九讲第三节“立轴”中相关部分。如果册页是按每开镶一页心子和一页空白题跋纸的形式进行装裱，则须先将空白题跋纸和心子同时托好、裁齐备用。空白题跋纸可选用洒金宣纸或仿古宣纸，大小与心子相同。

2. 托框料

册页的框料大多采用纸镶料（如罗纹纸等上等宣纸）进行挖嵌镶，也有用绫绢挖嵌镶。挖嵌镶无接缝，有利册页的平服。框料的厚薄须与托好的心子厚度相等。镶料托纸可选用颜色较浅的色宣或毛边纸作托纸，利用其色来衬托面纸，达到烘托册页心子的作用。

3. 上胶矾

为了避免册页复背时，册页心子与框料过度伸展，影响碰缝质量，规格较大的心子和框料要预先上胶矾水。方法：待心子、框料挣干后，刷一遍胶矾水，胶矾水比例约为 3 胶 1 矾 20 份水，拍浆上墙。规格较小的册页可省略此道工序。

4. 托复背纸（底纸）

册页复背纸一般由 6 层宣纸或宣纸加毛边纸相托后晾干而成，较大的册页复背纸可托 8 层纸。复背纸的尺寸要比框料规格的尺寸四周各长出 2–3 厘米，以便贴壁裁方。如果复背纸要分心（以利折页），可在刷第三层底纸时，将托纸在中心线的部位裁开，一分为二托裱，相托时分心间距不超过 0.2 厘米。

5. 裁配框料

按预先计算设定的册页规格，把框料方裁整齐，并计算设定好摆放心子的位置。框料由天头、地头、边和隔心四部分组成。四部分框料的大小要根据书法心子的大小来确定。一般册页心大则框料相应放宽一些，册页心小则框料相应窄一些。框料的天头一般大于地头五分之一，边和隔心与地头基本相同。蝴蝶式册页的隔心宽度与左右两边相等，推蓬式册页的隔心宽度可与天地相等，也可稍小于天地。

如果一套册页书法心子的规格大小不一，则需先定出册页的规格，再根据书法心子的大小分别计算出所需天地、边、隔心的规格，再进行裁配镶料。

蝴蝶式册页框料尺寸大小：宽是心子的长度加上天地头高度再加 1 厘米裁切余边。长是册页宽度的 2 倍加上隔心和左右两边宽度再加 1 厘米裁切余边。

推篷式册页框料尺寸大小：长是心子高度的 2 倍加上隔心和上下两边的高度再加 1 厘米裁切废边。宽是心子的宽度加上左右两边的宽度再加 1 厘米裁切废边。

蝴蝶式册页框料的参考规格（单位：厘米）：

心子规格	天头	地头	隔心、右边、左边（分别）
13 × 20	4.5	4	3.5
25 × 33	5.5	4.5	4

推篷式册页框料的参考规格（单位：厘米）：

心子规格	左边、右边	隔心、上边、下边（分别）
13 × 20	4	3.5
25 × 33	6.5	5
33 × 33	6.5	4.5

6. 挖料

（1）将预先裁配好的每张框料对折，在折口的两端裁去一小角，使框料折口的两端有一个刀眼，以此作为复背后对折时的折点。

（2）将框料正面朝上铺在裁板上，取书法心置于上面，根据配料时所计算出的天、地、边、隔心的尺寸摆正位置，并在书法心背面点两点浆，对书法心与框料加以固定。

（3）用刀沿书法心子的边将所占框料部分裁挖掉（裁时将书法心子连同框料一起裁去一丝），裁下后用竹起子将书法心子与框料的点浆处小心起开，将书法心子与框料放在一起，以备进行下道工序复背。

7. 复背

（1）将预先托好的复背纸逐张以排笔刷适量清水闷润，使其呈半干半湿的状态，叠在一起备用。

（2）取一张湿润过的复背纸光面朝上铺好，以棕刷将其刷平整，再用排笔均匀地刷一遍稍稠浆糊。

（3）将一张挖好的框料轻轻地虚置于复背纸上，并使框料的中心线对准底纸的分心（中心）线，固定框料的隔心，摆正位置后将隔心稍稍贴实。

（4）取一页书法心，将书法心的一条边与隔心的边紧碰并抚平，掀起框料，将心子轻轻刷平在底纸上，然后沿着书法心的边际用手将框料与书法心的接口部位全部碰紧抚平。

（5）一半复好后按上法再复另一半，使册页心的四周边际与框料的挖口相碰，即册页心与框料既不相压，又不显露底纸。

（6）取一张闷润的背纸（或吸水纸），光面朝下放在上面，然后两张一起翻身，排刷一遍，并在边口、碰缝处笃敲一遍，使其更加平服、粘实。在复背纸余边处刷少许稠浆糊上墙。

8. 上墙

册页经复背上墙后，一般需要经过三至七天或更长的时间才能起下。

9. 研光

研光，参见第九讲第三节“立轴”中相关部分。册页研光时将裱件正面朝上放在台上，用一张较薄的胶版纸盖在册页片上，在胶版纸上涂蜡研光，副页也同样研。

10. 齐边

按框料边缘裁去左、右、下三条废边。

11. 折页

将册页片正面朝上放在台上，用尺对准上下刀眼，左手按尺，右手执竹起子，沿着尺子划出折痕，随即翻起右半页，齐界尺捋出一条折印，拿去尺，再将折印揿砑平实。按此法将全套册页折完、叠齐、压实。

册页如果复背纸较厚，折页时易发生起刺断裂现象，折页时可在台上放几层半干半湿的宣纸条。将一开册页正面向上，分心线部位放置在湿纸条上，使其稍稍吸入湿纸条上的潮气，这样折页时折口不会出现起毛、起刺断裂现象。注意纸条不能过湿，否则册页会不平。

12. 包边

包边适用于用绫绢作框料的册页。册页如需包边，则需先将册页片按装裱的规格裁切整齐，再将四周边际包边。包边纸一般采用仿古或瓷青纸。包边纸的宽度约 0.5 厘米左右。操作时，先将包边纸粘贴在裱件正面的四边，待其干后，剪去其四角，在角处留 0.1 厘米余纸，再抹浆将包边纸包转粘贴于裱件反面。也可反面刷浆，镶上沿边纸，用尺模（尺模的制作方法参见第九讲第二节“手卷”三“操作步骤与方法”6“边际整理”中的尺模制作法）将沿边纸裁齐后，再上浆往正面包卷，最后压实待干。

册页包边还可以采用两次上复背的方法。操作方法：先用 3 层纸复背，上壁绷平齐边后进行包边。包边后，再复 3–4 层纸，上墙起下后，擦蜡砑光，剔掉余边。这种方法操作要求较高。

13. 配页、连页、裁切、装封面、贴签

以上装裱方法参见本讲第二节“尺牍类册页”中的相关部分。

四、书法类册页式装裱质量要求

1. 册页心托裱平整洁净，无跑墨脱色，镶接处平整且接缝宽度适宜相等。

2. 书册四面平整、垂直，无起刺断裂现象。

3. 封面安装无起翘现象，锦面包裹花纹排列整齐。

4. 书册镶料的尺寸、长宽比例合理。

第四节 拓片类册页

有些名碑拓片为便于收藏、展阅和临摹，都以册页形式进行装裱。拓片类册页也称“拓本”、“裱本”，也有称其为“剪裱”者，即将整张拓片按行开成条子后，再按每开册页心设定的字数装裱成册页。

拓片册页式的装裱一般以质朴典雅的纸镶料镶接或挖嵌镶为特色。副页可前后各二开，也可帖前装二开帖后装四开，以供题跋。碑刻拓片册页形式主要有五镶经折式和翻板蝴蝶式二种（图 8–7）。

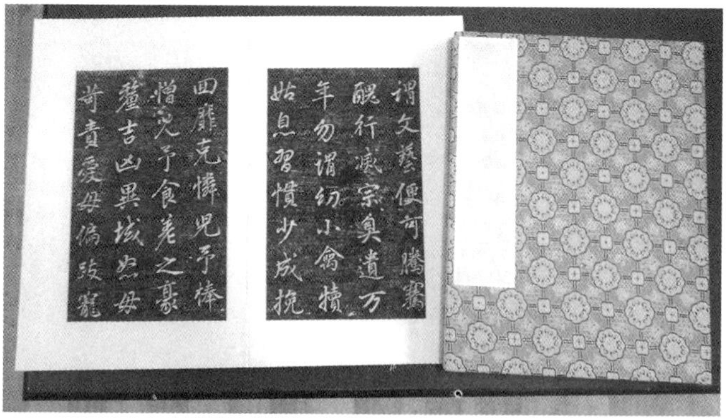

图 8–7 拓片类册页

一、五镶经折式

1. 操作流程图：

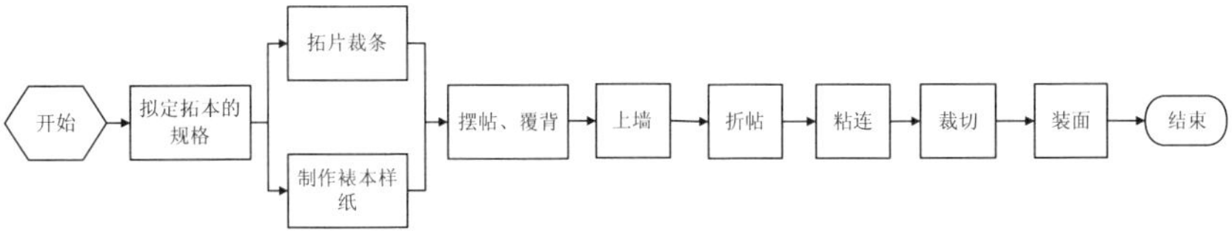

2. 装裱程序和方法：

（1）拟定拓本的规格

根据拓片的规格、字数，计算拟定裱本的开本大小、每页的行数及每行的字数，如果行文字体大小不一，也不必强求其每行的字数相同。

（2）制作裱本样纸

根据拟定的裱本开本大小及帖心和镶料的大小，用宣纸画出裱本的样纸。假如每开帖心为高 25 厘米、宽 15 厘米，裱成高 33 厘米、宽 20 厘米的拓本，则镶料为天头 4.5 厘米，地脚 3.5 厘米，中间分心为 3 厘米，两边 7 厘米。然后根据计算出的尺寸制作摆放帖心的裱本样纸，方法为：取一张白纸，根据计算出的帖心和镶料的尺寸，在纸上画出 6 个摆放帖心与镶料位置的方框作裱本样纸（图 8–8）。

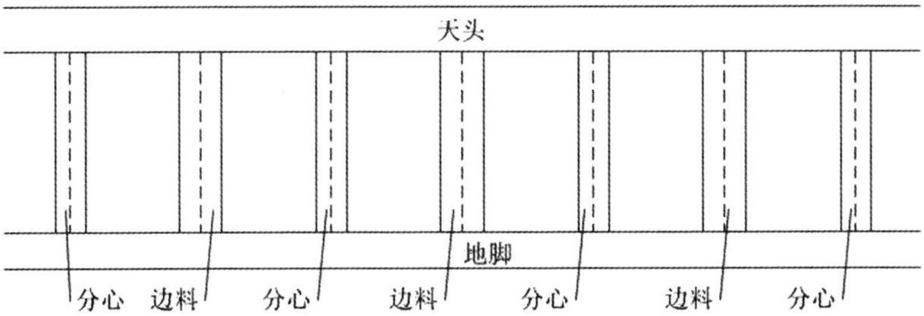

图 8–8　五镶经折式裱式图解

（3）拓片裁条

先抄录拓片全文，以便校对。将整张拓片依次裁剪为纸条，遇到字与字紧紧相连处，可以随字形裁剪，不要将字剪断，能保留的石泐、石花依原样保留，不要随意去除。将剪好的字条夹在书本里，待裱。

（4）摆帖、复背

① 将天头、地脚的镶料按纸样上的位置摆好并刷上浆。

② 摆放边料及分心镶料并刷上浆。裱第一幅帖时，边料及分心镶料摆放的顺序从左往右（如果样纸摆放时天头向下，则从右往左）为：先边料，接着分心、边料、分心、边料、分心。裱第二幅帖时，边料及分心镶料摆放的顺序为：先分心，接着边料、分心、边料、分心、边料。裱第三幅帖，摆放镶料的顺序同裱第一幅帖。裱第四幅帖，摆放镶料的顺序同裱第二幅帖。依次往复摆放复背。

③ 将裁剪下来的拓片字条按顺序从左向右（如果纸样摆放时天头向下，则从右往左）正面向下铺于5个方框内，字条分别稍稍压在天头、地脚、分心及边料上，同时用独管大头毛笔蘸稀浆边刷浆边摆帖。注意不可将字形刷变形。字的行距间及四周空缺处以墨纸补全，最好用原身的墨纸补全，效果最佳，如果没有，则配染或用墨拓纸补。

④ 根据裱本的厚薄，托上4–5层宣纸，复背后将通幅揭起，放在吸水纸上排实，上壁。

（5）折帖

五镶经折式册页折帖须在折板上进行。折板为长70厘米、宽50厘米的木板，木板以竹条镶边，以免变形。

折页方法：

① 将折板放在台上，使折边靠近台子的边沿。在折边以内按拓

本的宽度，放一把厚尺（或尺板），上压重物。

② 取一张裱好的长帖，在第二开与第三开间的分心居中处用尺比齐，用竹起子的起子口依尺划一印痕，依印痕将帖向里对折，然后用竹刮子将对折处压实。

③ 将折口紧靠尺板，用手将下面的帖沿竹条的边往下捋压，将帖放在台上，用竹刮子将折处压实。用同样的方法再将折口紧靠尺板，用手将另一面的帖沿竹条的边往下捋压，将帖放在台上，用竹刮子将折处压实。

④ 将两个折好的折口紧靠尺板，用手将下面的帖沿竹条的边往下捋压，将帖放在台上，用竹刮子将折处压实。用同样的方法再将折口紧靠尺板，用手将另一面的帖沿竹条的边往下捋压，将帖放在台上，用竹刮子将折处压实。

⑤ 如此将一张裱好的长帖折成如扇形的一版帖，余出约 1 厘米的边料即为粘贴的耳子。折完一张再折一张，直至全部折好，压平。

（6）粘连

在耳子处点浆，将折好按顺序顿齐的帖粘连在一起。

（7）裁切、装封面、贴签

参见本讲第二节“尺牍类册页”中的相关部分。

二、翻版蝴蝶式

碑刻拓片传统的装裱方式都采用五镶经折式装裱，即五开帖为一幅装裱，然后相连装裱成册。此法较难掌握，现在多采用翻版蝴蝶式装裱。翻版蝴蝶式是二开帖为一幅装裱，然后相连装裱成册，装裱操作方法相对比五镶经折式容易些。

1. 操作流程图：

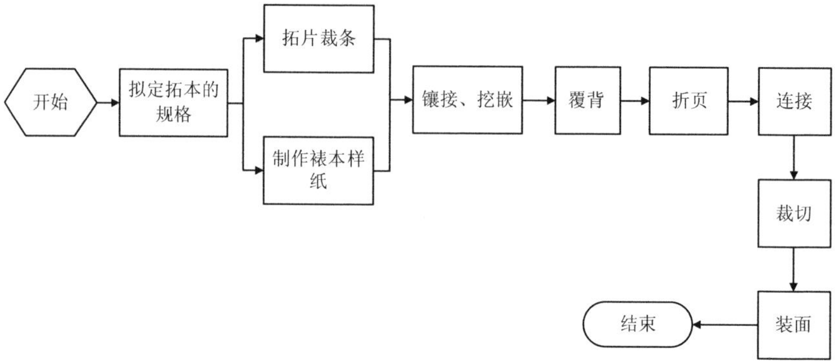

2. 操作程序和方法：

（1）拟定拓本的规格、裁条

参见五镶经折式的操作方法。

（2）制作裱本样纸

参见本讲第二节“尺牍类册页”中相关操作方法。

（3）接镶与挖嵌

参见本讲第二节“尺牍类册页”中相关操作方法。注意：接镶时用独管大头毛笔蘸稀浆边刷浆边摆帖，不可将字形刷变形，字的行距间及四周空缺处以相近墨纸补全。挖嵌装裱前须先将拓片以相近墨纸补全托心方裁，然后挖嵌装裱。

（4）复背、折页、连接、裁切、装面

操作方法参见本讲第二节“尺牍类册页”中相关部分。

三、册页式拓片类文献的装修质量要求

1. 拓片的字或图案保持原样无变形。

2. 拓本页面托裱平整洁净，无跑墨现象，镶接处平整。

3. 拓本四面平整、垂直，无起刺断裂现象。

4. 封面安装无起翘现象，锦面包裹花纹排列整齐。

5. 拓本镶料的尺寸、长宽比例合理。

四、相关知识

拓片也称墨拓。古代在没有发明纸之前，为歌功颂德或记事等，将有关文字铸造在青铜器上或刻在石头上，这样的文字称金文和石文，后人选择具有书法价值和史料价值的文字，用墨、纸捶拓下来，称之为拓片。以后人们为了阅读、鉴赏与保存的便利，又将这些拓片装裱成各种式样。

1. 拓片的装裱形式

拓片的装裱大体可分整幅裱与剪裱二种：拓片不经过剪裁，保留原刻面貌，即“整幅裱”；为了阅读、临摹的方便把整幅拓片裁剪成字条后再行装裱，即“剪裱”。整幅裱拓片可忠实地反映原刻原貌，而剪裱拓片也有其化大为小、便于查阅和保存的优点。拓片的装裱形式，历来都别具一格，既有自身的特色，又与书法的装裱有很大部分相同。具体说来又有①立轴式：装裱方法与书法类立轴的装裱方式基本相同。②手卷式：横长的刻帖，尤其是行草书体的单刻帖，难以分割裁剪，如裱成册页式的话，两侧又容易产生字体隔裂，此时则可装裱成手卷形式。其他如小件造像、铜器之类的拓片，有时也可裱成手卷的形式。③横披式：横长的拓片，如卧碑、匾额等，通常采用横披的装裱形式，其两侧的天杆为半圆形的月牙杆。④线装式：拓片线装式是一种体积小、轻便灵活、易于保存使用的装帧形式，它对于长文碑帖、封泥、陶文等的拓片是一种简便有效的保存方法。⑤折叠式：将单片拓片通过横向及竖向的折叠（也称“蝴蝶折”），使不同大小的拓片折成同样的规格，装入无酸封套、夹板或盒套保存。⑥册页式：拓片册页式也称“拓本”、“裱本”、“剪裱”，拓本是碑刻拓片中最常见的一种装裱形式。

2. 拓片装裱注意事项：

① 由于拓片忠实记录了原刻在某一时期的真实面貌，其每一字、每一笔、每一点石花都是鉴定原刻年代的佐证，因此保持拓片的原有面貌是拓片装裱的首要原则，整旧如旧，维持原装原裱，保留古味是装裱拓片时必须注意的。

② 拓片一般都是用薄绵连纸捶拓，字（画）心呈现凹凸不平的特点，托裱时线条边沿部分的折皱不要一味求平，应保留原状，否则折皱一旦刷开，拓片的字或图案的线条会因肥大而失去原有神韵。

③ 拓片（尤其是新拓片）容易走墨，为了固色，在托裱前需用纸将拓片包好，放入蒸笼里蒸半小时左右，而后再与装裱。

第九讲　轴装和片式的装修技法

最早的纸书，装帧形式即为轴装。早期轴装形式一般都较为简单，书页为单层，轴用木棍制成。随着社会的发展和人们对文献阅读需求的增多及对美观的追求，轴装的装裱逐渐考究起来，其镶料和形式等都有了一定的要求，出现了立轴、横批、手卷等各种轴装形式。

第一节　卷子本

卷子本是纸质书籍最早的一种装帧形式，这种形式是从简册和帛书的形制中演变过来的。把若干张书页粘连起来，成为一条长幅，把长幅的末端粘裹在一根木棍上，木棍两端各长出书页 1.5 厘米左右，作为轴，然后绕着轴心，从左向右卷起来成为一卷，即为“卷子”书，也称“卷轴装”书（图 9–1）。

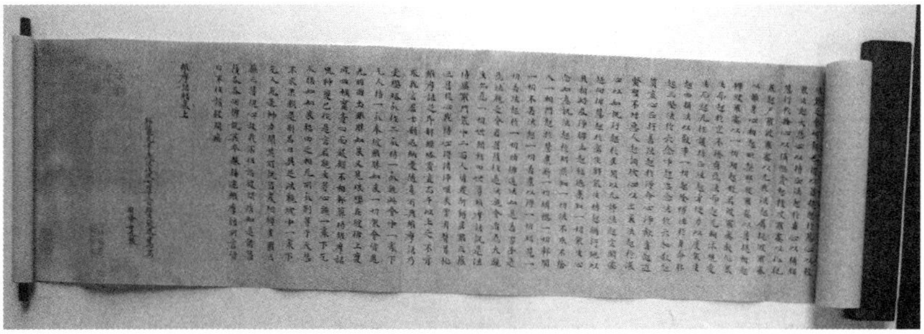

图 9–1　卷轴式书籍

一、装修流程图

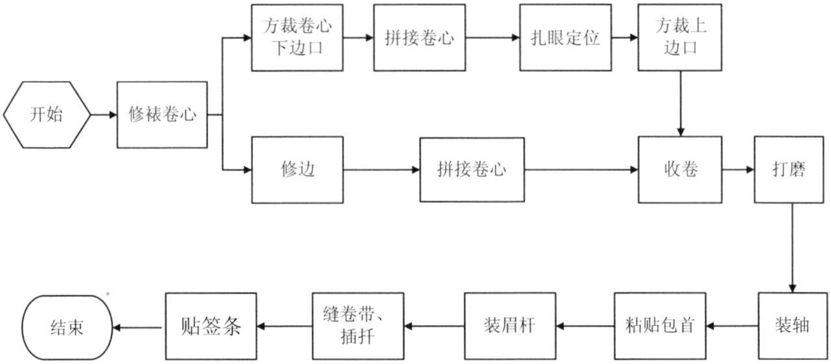

二、操作步骤和方法

1. 修补

将破烂的卷子书页从头开始，每隔 1–2 米将接缝处揭开，然后将揭开的一段书页按“修补法”或“托裱法”修补完整，修完第一段再修第二段，依此将书页全部修补完整。按“托裱法”修补的书页，需将托补好的每段书页晾至七八成干，然后洒一些清水闷润，上贴板绷平，托裱用纸，需用如棉连纸等较薄的宣纸。

2. 修边

按“修补法”修补的书页经过修剪、捶平即可，捶时可上下垫纸。

3. 方裁卷心下边口

按“托裱法”修补的书页，需将每段托补好的书页的下边及左右两端裁齐，以便后道工序的拼接。方法：将卷心正面朝上平铺在裁板上，用一把长尺压在卷心上，另一把长尺放在卷心的下边沿，依尺用刀将余边裁去，然后，利用三角尺把卷心的左右两端裁齐，使两边成直角。

4. 拼接

取两张相邻需拼接的卷心正面向上放在画有直线标尺的台上（也可用一张被裁齐一条边的纸，以这条边作为直线标尺），使两张卷心的下边沿与直线比齐，且使左边一张的卷心压在右边一张卷心上约 1.5 毫米，在左卷心的右端下垫一张隔糊纸，在左卷心右端上刷 0.15 厘米宽的浆糊，撤去隔糊纸，将右卷心压贴在左卷心上，用干净的宣纸衬垫，将拼接处按实。依次类推，将卷心按顺序连接成一条下面为直线的横幅。

5. 扎眼定位

将一张薄卡纸纸条裁成与最窄处卷心同样高度，作为卷心高度的标准条，然后用这张卡纸条依次从卷心的起首开始，一端对齐卷心下边沿，另一端用针锥以卡纸条为准在卷心上边沿依次扎眼做记号，直至卷心末尾为止，针眼间的距离约为 30 厘米。

6. 方裁上边口

将扎过眼的卷心放在裁板上，从头开始，用短尺依据针眼，每两个点成一直线将多余的边际裁去，裁一段收一段放一段，依次把整张卷心多余的边际裁切完成。

7. 收卷

在卷心的末端，折叠起一条窄边，再在窄边上连续多次折叠形成一条细纸棍，然后慢慢向前收卷，边卷边磕齐已收卷的部分，收卷越紧越好，然后在外面用纸护卷包裹。

8. 打磨

左手握着卷紧的卷心，将其竖立在台上，并不断转动，右手用砂纸板磨削卷心的边际。砂纸板的一面贴有略粗的砂纸，另一面贴有较细的砂纸，先用粗砂纸的一面磨削，再用细砂纸的一面磨，磨削时边磨削边将卷心旋转，直至卷心一端的平面无凹凸为止。一端磨好再磨另一端。也可先用刀将凹凸处削平，再用砂纸磨平。

9. 装轴

将卷子面朝上放在台上，拖尾处朝着自己，用尺压住。取一根直径约 1.2 厘米、比卷子高出 3 厘米的圆木棍，圆木棍的两端用褐色的清漆涂一下，以使以后露出的两端略显旧气。在卷心末端抹上稠浆糊，将木棍横着对齐卷心的末端，木棍的两端各露出约 1.5 厘米，将尾纸粘在木棍上往前推，使尾纸绕棍二圈，然后点浆裹住。

10. 粘贴包首

在卷心的右端起首处背面刷 0.15 厘米宽的浆糊，粘接一张长约 25 厘米、宽与卷子高相等的有韧性的素纸，这段素纸称为“包首”或“护首”。

11. 装眉杆

眉杆又称眉贴。卷轴装眉贴大多用薄的竹篾制成，竹篾两端与卷子的高度相齐，宽约 0.8 厘米。将卷子面朝下放在台上，天头处朝着自己，用尺压住，在天头的边际抹上约 0.8 厘米宽的稠浆，将竹篾的平面横着对齐天头的末端粘贴在包首上，然后把竹篾连着包首纸向前翻身，使包首裹住竹篾一圈，在裹住竹篾的包首上抹上稠浆，再把竹篾向前翻身，将裹有包首的竹篾粘住包首纸，用尺及重物压住，待干。

12. 缝卷带、插扦

在天杆的中间缝一根扎带，扎带长度能绕卷子两圈半为宜。在带子的另一端缝一个骨扦。缝时要把带头折回缝，以免脱丝。

13. 贴签条

签条大都用仿古宣做成，签条宽约 1.6–2 厘米，长约为卷心高的三分之二。签条的位置在离眉杆及上边口 0.3 厘米左右。

将签条贴上后，迅速垫上多层吸水纸，并用尺及重物紧贴眉杆压上，以免眉杆受潮变形。

三、卷轴装古籍的装修质量要求

1. 卷子两边基本平整，无凸出或凹进现象。
2. 书页修补平整，拼接处无皱褶。
3. 轴、眉贴、带、骨扦安装位置正确、平服。
4. 签条大小及安贴位置正确、无皱。

第二节　手　　卷

手卷，亦称“长卷”，是供人们边卷边观赏的文献。中国传统的古典文献中，各种类型的文献如著述类文献、尺牍、拓片、家谱等都有采用手卷的装帧形式装裱的，如唐高闲“草书千字文”、西晋陆机“平复帖”等。手卷是对卷轴装形制作改进与装饰而发展形成的一种装帧形式，由于其结构比较复杂，装裱工艺要求高，技术难度较大，不易掌握（图 9–2）。

图 9–2　手卷

一、手卷的款式结构

手卷款式的结构比较复杂，分为小镶和大镶两种形式。

1. 小镶手卷的结构

小镶手卷的心子高度一致，其各部分都不镶绫或纸圈，心子与各部位镶料直接镶接，并加镶绢通边，边际以撞边或套边装裱而成。

小镶手卷的排列形式从右至左为：天头、副隔水、隔水、引首、隔水、画心、隔水、拖尾（图 9–3）。

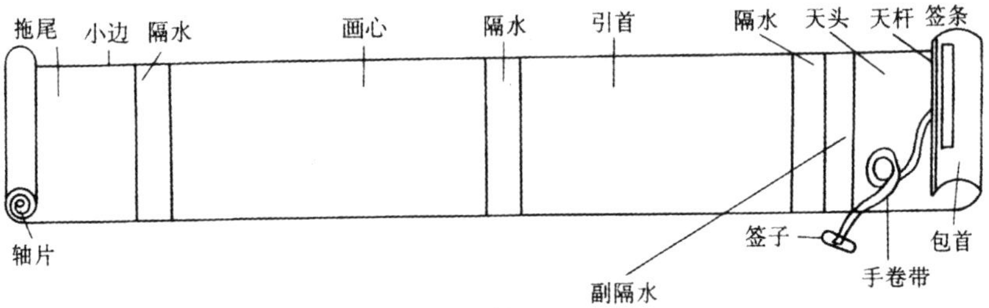

图 9–3　小镶手卷结构图

2. 大镶手卷的结构：大镶装裱采用绫绢挖镶的方法，即引首、心子、拖尾分别采用整挖或半挖方法镶嵌在整块绫绢上，再镶上副隔水和天头，两边多为转边。

大镶手卷减少了裱件的接缝，使裱件更加美观，尤其是对心子高度不一的手卷，连接后能使心子方裁成统一尺度。

大镶手卷的排列形式从右至左为：天头、隔水、挖镶引首、隔水、挖镶画心、隔水、及挖镶拖尾（图 9–4）。

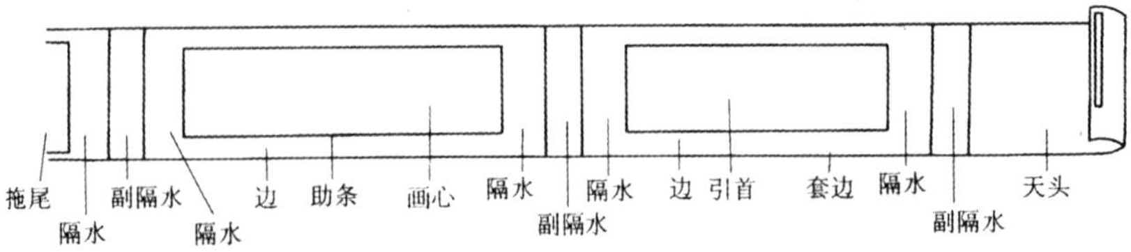

图 9–4　大镶手卷结构图

二、操作流程图

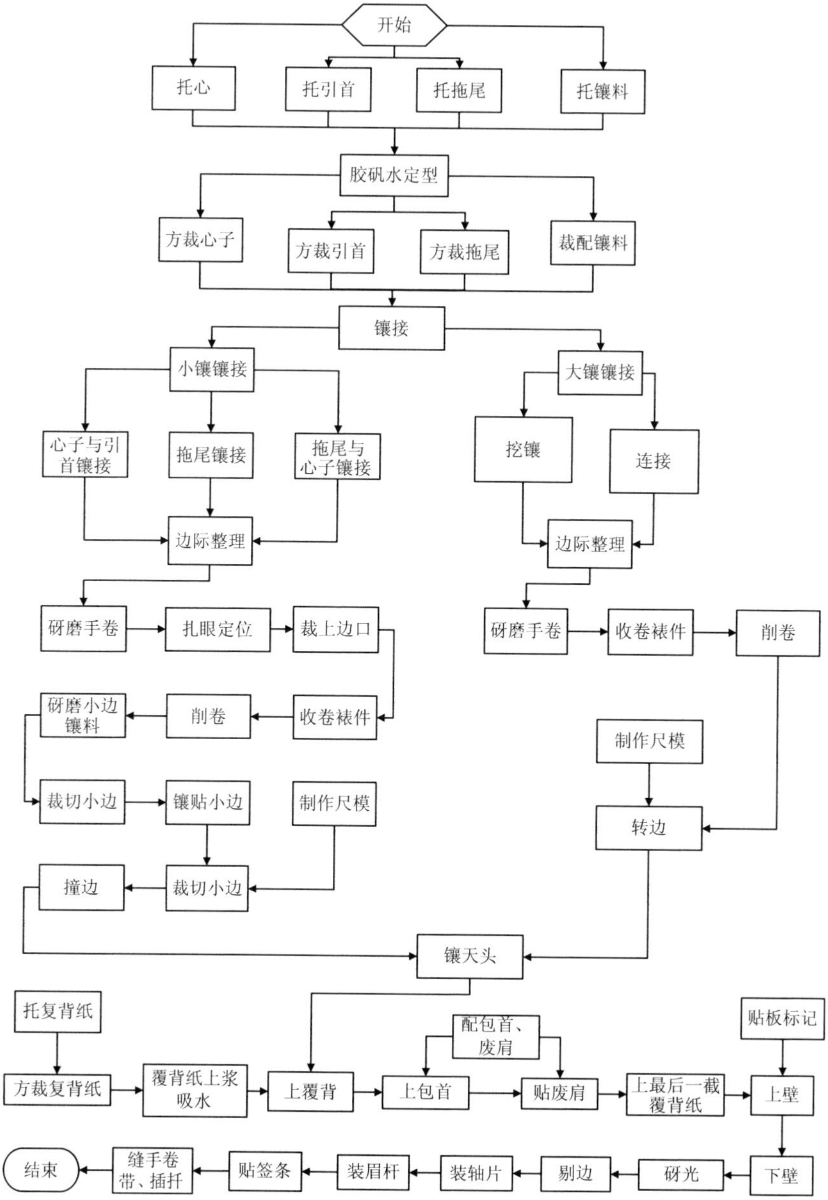
开始
托心
托引首
托拖尾
托镶料
胶矾水定型
方裁心子
方裁引首
方裁拖尾
裁配镶料
镶接
小镶镶接
大镶镶接
心子与引首镶接
拖尾镶接
拖尾与心子镶接
挖镶
连接
边际整理
边际整理
研磨手卷
扎眼定位
裁上边口
研磨手卷
收卷裱件
削卷
研磨小边镶料
削卷
收卷裱件
制作尺模
裁切小边
镶贴小边
制作尺模
转边
撞边
裁切小边
镶天头
托复背纸
配包首、废肩
贴板标记
方裁复背纸
覆背纸上浆吸水
上覆背
上包首
贴废肩
上最后一截覆背纸
上壁
结束
缝手卷带、插扦
贴签条
装眉杆
装轴片
剔边
砑光
下壁

三、操作步骤与方法

1. 托心子、引首、拖尾及镶料

心子的托裱方法参见本讲第三节“立轴”中的相关部分。

引首有空白引首，也有题字引首，空白引首一般采用古旧纸、洒金纸、藏金纸或白色宣。托裱方法与托心子相同。

拖尾的长度视心子的长度而定，宽度应比心子的高度多出 5 厘米，可用两层 4 尺宣纸相托而成。托裱方法与托心子相同。

镶料包括天头、隔水、副隔水、边以及大镶的绫绢挖镶料，托裱方法参见第三讲第二节“绫、绢及锦绫托裱”中相关部分。天头镶料一般取深色，隔水一般取淡色如米色或湖色，副隔水要深于隔水，可使天头与隔水的颜色有一过度。边一般使用较薄的古铜色的洋纺、绢或纸。

托裱时需注意相接的托纸接缝不宜过宽，应控制在 0.15 厘米左右，否则会影响卷子质量。托完后，短的晾贴在贴板上，长的可用晾杆挑起晾在晾架上。

2. 胶矾水定型

在托好的镶料、卷心、引首及拖尾背面刷淡胶矾水，以增强抗水力，着湿后不致伸缩不一。胶矾水的比例：1 矾 3 胶 20 份水。刷完后上壁绷平。

3. 方裁心子、引首、拖尾

方裁心子主要是将心子的下边及左右两端裁方正。方法：将心子正面朝上平铺在裁板上，用一把长尺压在心子上，另一把长尺放在心子的下边沿靠左面边口，用美工刀裁切心子，裁完一段把尺前移半段，将裁尺与心子切口对齐再裁切，以此类推，将心子的一边裁齐（也可放在心子靠中间的下沿边口，先裁中间部位，再用尺依裁好的边为准裁左边和右边）。然后，利用三角尺把心子的左右两端裁齐，使相邻两边成直角。

方裁引首也是先将引首的下沿边裁齐，再利用三角尺裁齐引首的左右两端。

方裁拖尾的方法：将几张挣平的拖尾重叠在一起，将下沿边口理齐，平铺在裁板上，用长尺压住，用另一把长尺将拖尾的下沿边口裁齐，再利用三角尺将左右两端裁齐。拖尾的高度略大于画心高度。

4. 裁配镶料

将镶料按预先设定好的规格裁切整齐。

小镶手卷的镶料即隔水、副隔水、天头及小边。大镶手卷的镶料采用绫绢挖镶。

取料：以一般规格的手卷为例，假如画心为 33×200 厘米，小镶装裱天头可取长 50–60 厘米左右的深色绫绢、隔水可取 12–15 厘米的淡色绫绢、副隔水为 10–13 厘米。高都为 38 厘米，也就是比画心高出 5 厘米左右，为边际方裁时留出余地。若无引首的可配长 80–90 厘米的浅色宣纸或洒金笺作空白引首，引首高度略高于画心。

大镶装裱采用绫绢挖镶的方法，即引首、画心、拖尾分别采用整挖或半挖方法镶嵌在整块绫绢上，再镶上副隔水和天头。假如画心为 33×200 厘米，可裱成高 38 厘米，天头可取长 50–60 厘米左右的深色绫绢，引首长 80–90 厘米，画心、引首和拖尾绫圈的左右部分（即隔水）各长 12–15 厘米，副隔水长 10–13 厘米。

镶料色泽的选配：隔水一般使用淡色绫绢，副隔水要深于隔水颜色，天头一般使用深色绫绢，小边采用古铜色的洋纺。

5. 镶接

（1）小镶手卷的镶接

第一步：心子与引首镶接。

方法：将心子与引首正面朝上，平铺在裱画台上，在心子与引首的右端边沿各刷上 0.15cm 宽的浆糊，把隔水用正镶法分别镶在心子和引首上，两头各留少许余料，以利方裁。然后，将引首的左端刷上 0.15cm 宽的浆糊，再把已镶上隔水的心子和引首分别放在裱台的直线上（如果裱台上没有画过直线，可取一截拖尾平铺在裱台上，以拖尾已裁齐的下边口作为直线标尺），使心子和引首的下边沿与直线比齐，且心子上的隔水压在引首的浆口上，用干净的宣纸衬垫，将镶缝按实，压上短尺防止移动。

第二步：拖尾的镶接

把 4 截拖尾连接起来，并在拖尾的最右端镶上一个隔水。方法：把方裁过的拖尾叠在一起，右端留出 0.15 厘米的浆口并呈阶梯状，在阶梯形的浆口上刷浆，然后把拖尾分别放在直线标尺上，使拖尾的下边沿与直线比齐，且靠近心子的拖尾压在靠后的拖尾浆口上，用干净的宣纸衬垫，将镶缝按实，压上短尺防止移动。依次类推，把拖尾全部连接起来，在拖尾的最右端镶上一个隔水。

第三步：拖尾与心子镶接

在心子正面的左端刷上 0.15 厘米宽的浆口，把拖尾和心子分别放在直线标尺上，使拖尾和心子的下边沿与直线比齐，且拖尾边上的隔水压在心子的浆口上，用干净的宣纸衬垫，将镶缝按实，压上短尺防止移动。

（2）大镶手卷的镶接

第一步：挖镶

将引首、心子、拖尾分别通过挖镶的方法镶在绫绢镶料上。方法：将镶料正面朝上平铺在裁板上，将引首放在正确的位置，引首与镶料的左右两端各留出 12–15 厘米的隔水，引首上边留出约 4 厘米、下边留出约 3 厘米（可根据画幅的大小调整，上边与下边比为

4∶3）作为手卷的边，引首确定其位置后，用长尺压住以防移动，用针锥分别在引首的 4 个角上，沿边际向引首内 0.15 厘米处扎眼做记号，然后，将引首移开，以针眼为依据，挖掉引首位置的镶料，然后将挖下的镶料放在引首上作隔糊纸，在引首四周边口刷浆，依引首上的针眼为参照标准，把引首嵌入正确的位置与镶料粘合，再用吸水纸放在镶缝上，用手将镶缝压实粘牢，并用尺压住镶缝待干。

心子也按此法挖镶。

拖尾挖镶方法：先把 4 段拖尾方裁成与画心等高（为避免镶料后横镶口出现在同一水平线上，拖尾和引首的高可与画心的高稍有差别），然后将其连接，连接方法同小镶拖尾连接法。然后把拖尾放在镶料上，按引首挖镶的方法挖镶。若镶料没有足够长，可通过半挖镶的方法将拖尾的边料镶接上去，接口处镶料的接缝只能用碰缝连接，不能重叠粘合。方法：将镶料接口处的重叠部分（镶料时重叠部位可留 2 厘米左右），用刀在其中间部位垂直裁开，去掉余料，将镶料两头接口并拢，不出现缝隙或叠缝，然后在切口的背面粘贴上一条 0.3 厘米宽的宣纸条，将镶料的接口粘合在一起。

第二步：连接

按小镶手卷的镶接法将各部位与副隔水连接起来。

6. 边际整理

（1）小镶手卷边际整理

① 砑磨。

把镶接完成的手卷正面朝下铺放在裱画台上，背面稍微擦点蜡，用砑石砑磨一遍。镶接处要多砑几下，以便能卷紧进行切削。砑磨时采取砑一段收卷一段，直至整个手卷都磨砑一遍。

② 扎眼定位。

逐段检查手卷画心的宽度，以最窄的一处为标准，将一张薄卡纸纸条裁成与最窄心子同样宽度，作为手卷宽度的标准条，然后用这张卡纸条依次从手卷的起首开始，一端对齐手卷下边沿，另一端用针锥以卡纸条为准在手卷上边沿依次扎眼做记号，直至手卷末尾为止，针眼间的距离约为30厘米。

③ 裁边口

将扎过眼的手卷放在裁板上，从引首开始，用短尺依据针眼，每两个点成一直线将多余的边际裁去，裁一段收一段放一段，依次把整张手卷的边际裁切完成。

④ 收卷裱件

在手卷拖尾的末端，折叠起一条窄边，再在窄边上连续多次折叠形成一条细纸棍，然后，将纸棍慢慢向前收卷，边卷边磕齐已收卷的部分，收卷越卷紧越好。收完后外面用厚纸包裹，用带缚紧，以备进行切削。

⑤ 削卷

左手握着手卷将其竖立在台上，并不断转动，右手持马蹄刀作相对转动，削除顶端不平之处，使手卷两端整齐如一。用马蹄刀削手卷边际的手法较难掌握，很容易出现手卷展开后边际弯曲不直的现象，可用砂纸板磨削手卷的边际。将手卷竖立在台上，先用粗砂纸磨削，再用细砂纸磨，边磨削边将手卷旋转，直至手卷一端的平面无凹凸为止。

⑥ 镶小边

A　研磨小边镶料

将整块的小边镶料上蜡，用研石推研一遍。

B　裁切小边

将镶料裁切成0.8厘米宽的长条，即为小边。

C　镶贴小边

将手卷展开一段，正面朝下平铺在裱画台上，用长尺压住，自右向左在手卷背面的边口上刷0.15厘米左右的浆口，把小边的绢面朝上镶贴在手卷的浆口上，镶完一段将手卷收卷成喇叭形，然后放出一段再镶，小边与小边的接口留有2厘米长的重叠部分，为以后撞边时裁接小边留有余地。手卷的一边镶完后，把手卷调头，用同样的方法镶另一边，镶完收卷晾干。

D　制作尺模

由于在镶小边时，镶缝会产生误差，故必须对小边进行裁切整理。裁切小边需自制一种尺模：在长约40厘米的有机玻璃尺的一端外侧贴上一条长4厘米宽0.5厘米的薄卡纸，使卡纸的一边与有机玻璃尺的外边沿对齐（图9-5）。

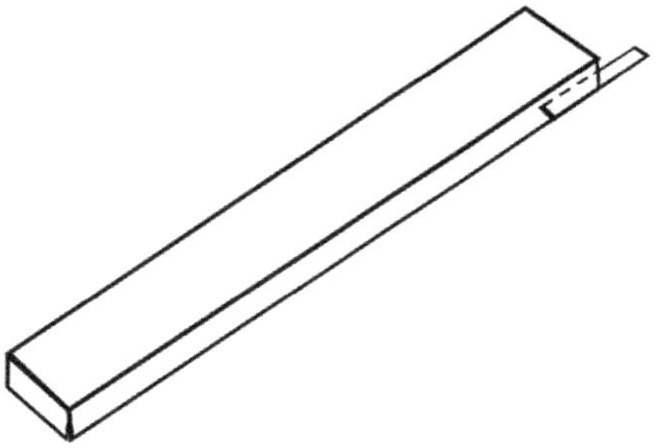

图9-5　小镶尺模

E　裁切小边

将手卷正面朝上放在裁板上，并用长尺压住手卷，将尺模贴有卡纸的前端紧靠手卷的边际，沿尺模边缘下刀，切去多余的小边。每次裁切的距离为20-30厘米，尺模移动时可用刀尖点住切口，然后向前移动尺模，使尺模前端卡纸贴紧手卷边缘，后端靠住刀尖裁去小边余边。如次往复将一条小边裁切完成，随后再裁切手卷另一条小边。

F　撞边

将手卷正面朝上，平铺在裱画台上，用长尺压住，在小边（小边托纸面）宽度2/3处垫上隔糊纸刷上浆糊，刷浆的长度不要超过1.5米。小边上浆后将手卷上移，擦去浆迹，用两手的指尖折起小边，让小边的边口撞靠在手卷的引首、心子、拖尾等边际上形成碰缝，并用手指轻轻将对折的小边抹平粘实，撞一段卷一段。注意撞边要做到既无叠缝又无缝隙，在撞边中遇到两条小边接口处，在撞边前用剪刀斜势剪开小边重叠的接口，剔除叠压的小边余料，使接缝处呈碰缝状再进行撞边。撞完一边依此法再撞另一边。

待小边晾干后，在手卷反面的小边部位上蜡，用砑石将撞好的手卷小边从头至尾砑一遍。

（2）大镶手卷的边际整理

① 砑磨、收卷裱件、削卷

参见小镶手卷的操作方法。

② 制作尺模

在长约40厘米的有机玻璃尺的前端贴一条薄卡纸，使卡纸向尺的边口伸出0.2cm作为标记（图9–6）。

③ 转边

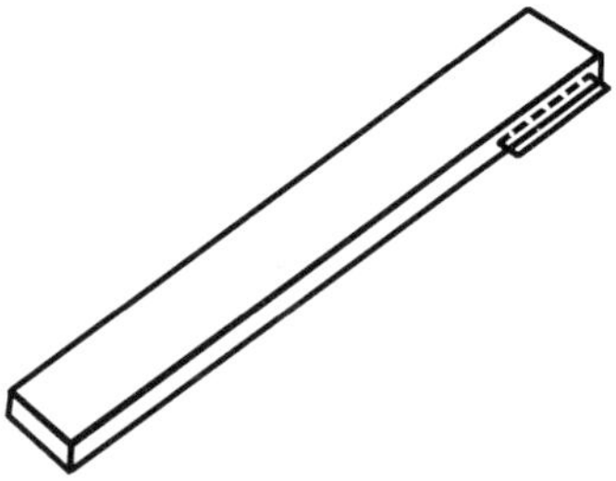

图9–6　大镶尺模

将手卷背面朝上，自手卷的尾部开始，用长尺压住手卷，用做好的尺模为标记，使尺模的卡纸外口对齐手卷镶料的外口，用针锥紧贴尺模轻轻划印，划完一段将尺模向前推移再划一段，当展于台面的部分划完后，用手依划印折边，随后在转边处刷上转边用浆，从右往左进行转边。待干后用砑石推砑一遍。

7. 镶天头

将引首右端裁方正，再裁去隔水两头多余的废边，然后把备好的副隔水正镶于引首的隔水之上，再将天头正镶于副隔水之上，待干。将天头对折，在天头镶料上以小边的边口为标准扎眼，做卷边记号，再向外移0.15厘米扎眼做裁切余料的记号。裁切余料，按转边记号用针锥划印，并刷浆进行卷边，使小边的边际与天头、副隔水的边际成一直线，晾干后，在副隔水和天头背面上蜡推砑。

采用转边方法装裱手卷，天头可与画心、引首等一起镶接。

8. 复背

（1）托复背纸

手卷的复背纸一般选用两层较薄的绵连宣，因其纸质薄软，研磨时易使裱件起光。

复背纸的总长度略长于手卷的总长，宽度应大于手卷的高度 5 厘米，因手卷不拍浆上墙，靠刷复背时留在废边上的余浆贴板上墙，故其废边要求较宽。复背纸托好后不必上墙，只需晾干即可，托法如同托拖尾。

（2）配包首、废肩

手卷包首多采用色彩古朴典雅的宋锦制作。

包首处理：包首先要进行刮浆处理。取一段宽度约 25–30 厘米，高度比手卷高 5 厘米左右的宋锦，在其反面刷稍稠的浆糊，理顺图案，然后将锦翻面，在锦的正面四周拍浆上墙，行话称“刮浆”。

配齐包首：包首从墙上取下后，放置半天让它自然回缩，然后先将包首阔度的两边方裁成相互平行，再用三角尺裁切相邻的两边，在一边离边口 0.4 厘米处用针锥划印折边。然后把锦的刮浆面朝上垫在手卷天头下，并使锦的折边的边口与天头的一条边口对齐，依天头的另一边边口用针锥在包首上扎眼作为折边标记，在折边标记外 0.4 厘米处再扎眼作为裁切标记，然后按裁切标记裁去包首余料，按折边标记划印折边，最后在折边的边口即宋锦折边表面抹一点稍稠浆，以使复手卷时废肩粘贴的更牢。

配废肩：废肩也称“耳子”，用以上浆贴壁，免使包首卷边受损。废肩可用花绫的零料裁切，将零料裁成宽 4 厘米，长与包首阔度一样，在花绫的纸面，宽约 0.5 厘米处划印，将划印边口蘸水，受潮后将花绫的托纸揭去待用。

（3）方裁复背纸

将晾干的复背纸叠齐放平，切齐一端，另一端切成一缺口（图9–7），两头多出部分复背时相粘可加固废边接缝的牢度。将裁好的复背纸光面朝上放在台上，从缺口处逐张衔接卷成一卷待复。

图 9–7 复背纸

（4）贴板标记

在手卷上墙的贴板上做标记，以保证手卷上墙的平直。方法：用一根蜡线，一头固定在贴板的一端，拉紧蜡线的另一端，形成两点一线，将深色的花绫零料裁成十几块 2 乘 3 厘米的长方形小条，将小条的上边口对准蜡线贴在墙上，每隔约 60 厘米左右贴一块，作为手卷上墙的标记。

（5）复背

① 复背纸上浆吸水

将复背纸展开铺平，刷上浆水，务必刷透刷匀。将刷好浆水的复背纸，从右端提起约 20 厘米折向左边，将卷好的干复背纸反向放在水印上，然后把折起的复背纸折回盖在干的复背纸上，用棕帚压住右端边口，两手扶着卷好的复背纸两端慢慢向左滚动，使干复背纸恰好铺垫在上过浆的复背纸之下进行吸水。

② 上复背

A 手卷润湿

将手卷卷成螺旋状，露出一圈边口，用半干的排笔，沿螺旋周围边上潮润一遍，再在一块湿毛巾上击拍，使边际平服。或用蘸有清水的宣纸团在手卷背面边上潮润一下，使边舒展，可复一段潮润一段。

B　上托纸

将手卷拖尾一段背面向上平铺在台上，将上过浆水的复背纸提起，使其浆面朝下复盖在手卷的背面上，并使复背纸两边废边的宽度一致。用棕刷按上下左右循序刷平，使复背纸与手卷粘合，再用棕刷将镶缝、小边逐一笃实，将手卷掀起，用棕帚再次排实，排刷运作距离不宜太长，以免复背损伤或使裱件过分伸展引起变形。排实后将其反卷在木棍上，木棍可使用地杆，木棍的阔度要大于复背纸的阔度约 50 厘米，用干净的纸包裹起来。一截复背完成后再用前法复第二截，复背纸之间的接缝不能超过 0.15 厘米。用上述方法将手卷复一段收一段，当复至离天头仅剩一截复背纸时，应先上包首，再复上最后一截复背纸。

C　上包首

上包首前先把包首、废肩喷水润湿，再把手卷的天头花绫前端向正面折起 1 厘米左右作为手卷的夹口。

上包首的方法：在天头背面前端量出包首的宽度作一标记，在标记至夹口范围内刷稍稠浆糊，然后把折起的天头夹口放开，将湿润过的包首放在刷过浆的天头部位，包首要长出天头夹口 1 厘米左右，并使包首两边的折边边口与天头两边的卷边边口对齐，用手轻轻把包首抹平。

D　贴废肩

贴废肩就是把废肩夹贴在包首与天头的边口中间。方法：用针锥挑开包首边际，在天头两侧卷边上用手指抹上稍稠浆糊，将两张废肩绫面朝上，撕去托纸的一边贴在天头两侧，再在废肩单层绫绢上抹浆，合上包首，使废肩的单层绫绢夹在包首和天头之间，最后用棕刷排实包首，笃实废肩夹缝。

E 上最后一截复背纸

将最后一截复背纸上浆吸水，在准备与包首相接的边口抹上一点稍稠浆糊，再将复背纸盖在手卷背面，使复背纸和包首相接，接缝约为 0.4 厘米。用同样的办法把复背纸排实，然后把多余的复背纸折起至前一截复背纸，前后两截复背纸的接缝边口留出 0.2 厘米的接口，在接缝折口处用棕刷笃实后小心撕去余纸。

复背全部完成后，把手卷翻身，在废肩及包首的边口上拍浆，准备上墙。

9. 上墙

上墙时，让手卷背面朝外，一人双手握住手卷棒的两端，将其展开 1 米左右，另一人将手卷的边际对准贴板上的绫条标记，将手卷刷贴上墙，展开一段，上墙刷贴一段，直至手卷全部贴完，最后在尾端边口刷一点浆，将其与贴板粘牢。

手卷上墙后，随即用喷水壶在手卷面上均匀地喷洒少量清水，喷水时须避开手卷接缝及复背纸接缝，目的是让废边与接缝先干，防止上墙崩裂现象发生。

10. 砑装

（1）下壁

手卷上壁最好一星期后再下壁，这样才能平挺。下壁时随扯随卷，须正面朝里卷，不可反卷。

（2）砑光

砑包首：手卷背面朝上，在包首上盖一张白纸，在其上打蜡砑磨。包首折边处着重推砑，用剪刀沿边口剪去废肩。

砑手卷：将手卷展开，上蜡砑光，砑光时应做到上下推砑用力均衡，间距紧密不跳砑。手卷的小边或转边处着重砑，但也要防止出现荷叶边。砑完一段，展开一段再上蜡推砑，直至全部砑完，将手卷调头从拖尾开始用同样的方法再推砑一边。

（3）剔边

将废边往里翻折，使折印离手卷边际内侧 0.1 厘米处用手指压印，然后用马蹄刀将废边剔去。可逐段进行操作。

11. 装杆

（1）装轴杆、轴片

轴片以白玉、翡翠、牛角、象牙、兽骨等材料制成。

轴与轴片的安装方法：

① 取拖尾约 50 厘米长做标记，以轴片的厚度为依据裁去其上下两边，并留有斜切口（图 9–8）。

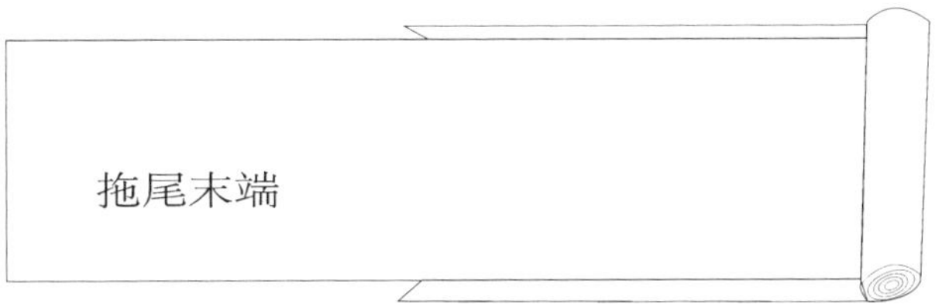

图 9–8　裁拖尾

② 在手卷拖尾的末端，折叠起一条窄边，再在窄边上连续多次折叠，形成一条细纸棍，将其作为轴心慢慢向前推滚，卷成圆柱状至斜切口附近。

③ 竖直手卷，左手握住纸芯，右手指抵压在轴心上，磕平纸芯的两头，在两头抹厚浆，把轴片粘合其上，包上两边斜口加以固定。

④ 再用两手推纸芯向前滚动至第一截拖尾的接口处，竖起手卷左手握卷，右手指抵住上轴片，磕平两头并收紧手卷，在拖尾正面抹一条厚浆，使装上轴片的纸芯固定。最后边卷边磕平收紧手卷，直至包首。

手卷轴杆也可先用纸卷成，两端粘贴上轴片，然后再安装。安装方法：

① 取一张高出手卷高度的宣纸，在纸的边上折叠起一条窄边，再在窄边上连续多次折叠，形成一条细纸棍，将其作为轴心慢慢向前推滚，把纸推卷成与轴片直径一样大小的纸卷后，将多余的纸裁掉，将纸边用浆粘住，不让它散开。

② 用锯子将纸卷截成比手卷高度缩进两个轴片厚度的长短，将轴片粘贴在纸卷两端，用纸条将轴片和纸卷相接处粘实封固。

③ 在手卷尾端抹一道厚浆，把纸轴对齐手卷的两端，粘贴在手卷尾端，再用两手推纸芯向前滚动至第一截拖尾的接口处，竖起手卷左手握卷，右手指抵住上轴片，磕平两头并收紧手卷，在拖尾正面抹一条厚浆，使装上轴片的纸芯固定。最后边卷边磕平收紧手卷，直至包首。

（2）装配眉杆

制作钉子：手卷的天杆称为眉杆，又称眉贴。将眉杆裁成与天头等高，用铜丝制成形如订书钉的钉子，钉子的宽度与扎带的宽度相等。将钉子钉入眉杆的居中部位，钉子的两只脚穿入眉杆，折弯后钉入眉杆中，钉子的平面与眉杆之间留有 0.2 厘米的间隔，以包锦和穿扎带。

封头：取与天头相同的绫绢将眉杆两端进行封头。由于包首用宋锦制作，折边处较厚，可在眉杆两头约 0.3 厘米处用刀削细一圈再封头，比较平服。

装眉杆：装眉杆的方法与装立轴天杆相似。手卷反面朝上放在台上，将包首与天头折开 1 厘米左右夹口，将眉杆平面的一面紧贴天头夹口的折缝，依眉杆杆面的宽度为标准，在天头夹口边际上划印上浆转边。装眉杆时，先依钉子在包首上的位置与宽度，在包首夹口处剪两道小口，以便装眉杆时使包首能穿过其中。装法与立轴相同，只是手卷包首夹口需上满浆，使包首与眉杆包裹紧密。

12. 贴签条

签条大都用古铜色宣纸制成，签条宽约 1.6–2 厘米，长约为手卷高的三分之二。签条的位置在离眉杆及上边口 0.3 厘米左右。

签条都用满浆粘贴，将签条满浆贴上后，须迅速用多层吸水纸垫上，并用尺及重物紧贴眉杆压上，以免眉杆受潮变形。

13. 缝手卷带、插扦

手卷带通常使用锦织带，也称八宝带，是一种特制的锦织带，宽度约 1.2 厘米。手卷带长度以能绕手卷两圈余为宜。带的一头用针缝在天杆中间的钉子上，另一头缝于插扦上。缝时要把带头折回缝，以免脱丝。

四、手卷装修质量要求

1. 卷子收起两边基本平整，无凸出或凹进现象。
2. 卷子幅面无皱褶，镶缝及各处接缝宽窄相等。
3. 轴、眉贴、带、骨扦等安装位置正确，平服。
4. 签条安贴位置正确、无皱。
5. 砑背光亮，整幅裱件柔软手感好，无起壳。

第三节　立　　轴

“立轴”是挂轴的总称。凡上有天杆、下有地杆（也称地轴），能悬挂，能收卷的竖幅作品的装裱，都属于立轴款式的范畴。中国传统的古典文献中，如拓片、书法等都有采用立轴的装帧形式（图 9–9）。

图 9-9　立轴

一、立轴结构图

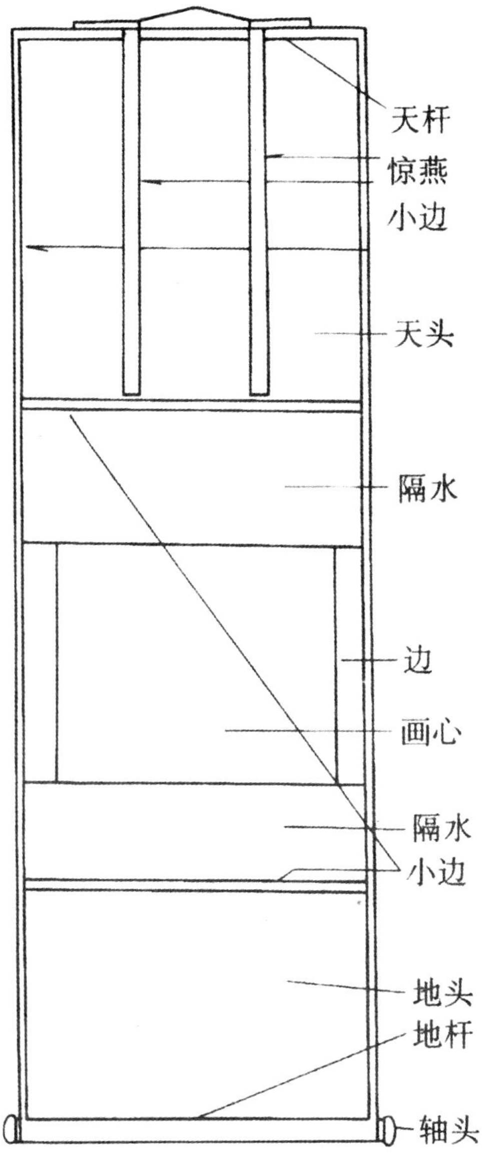
天杆
惊燕
小边
天头
隔水
边
画心
隔水
小边
地头
地杆
轴头

二、立轴装裱流程图

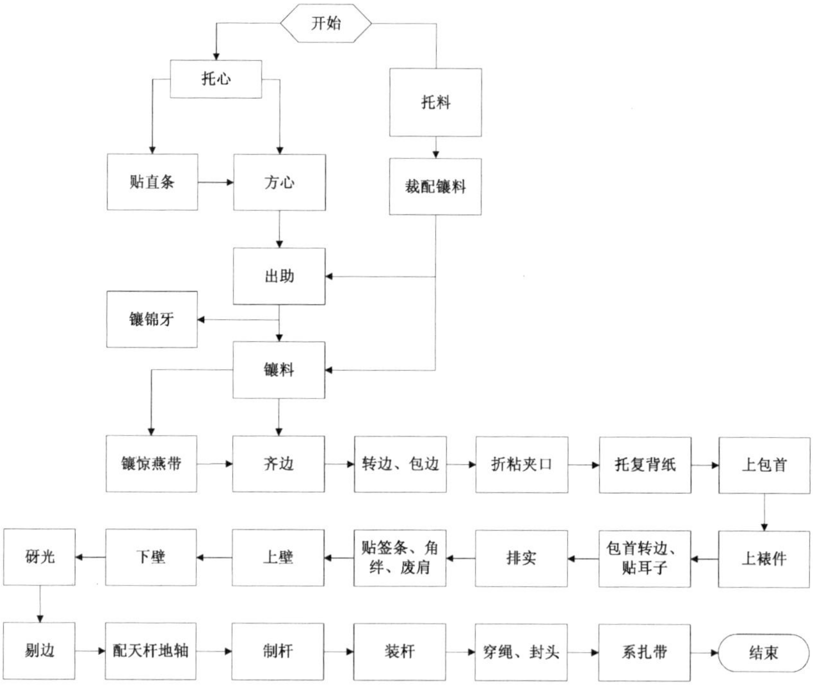

三、操作步骤和方法——以书法墨迹为例

1. 托心

书法作品通常是用墨书于宣纸或绢料上，由于宣纸和绢料的吸水作用会使作品出现皱褶不平的现象。因此需在作品背面托一层宣纸，以使作品平整，一则可烘托出书法墨色的层次变化，二则便于后道工序的操作，这一操作过程即为托心。

托心的操作方法：将配好的比心子四周各大出 1.5 厘米的宣纸，根据心子不同的情况按第四讲第二节托裱技法中的湿托、飞托、复托技法分别进行托裱。

托心注意事项：

（1）托心前，先要弄清心子的材质及色彩，按不同种类采取相应的托裱方法。

如①托裱用熟纸创作的书法作品（即矾纸心），可采用飞托或复托法。②托裱赤金、散金纸创作的书法作品，托心刷浆或排实时，需在台上垫一张宣纸，避免金色粘到台上。③易褪色等心子或拓片需用手指蘸清水按一下墨色浓重处，看看是否有跑墨脱色，为固定其墨色，需把裱件先用纸及不透水的塑料膜包好放在蒸笼里蒸30分钟，或采用飞托或复托的方法托裱。

（2）有些书法心子不宜上壁绷平，如破烂程度大的心子或原已托过裁方的心子，可采取“空绷板”的方法。具体操作方法：取一张比心子四周各大出1.5厘米的宣纸，用清水潮润刷平在台上，再将心子面朝下潮润刷平在该宣纸的正中，然后在底下的那张宣纸的四周拍浆两张一起上墙。为防止墙上有脏，也可再取一张与心子大小相同的宣纸，潮润刷平在心子上，心子夹在两张纸的中间贴壁刷平。下壁后再将两张宣纸取掉。

（3）托心用纸应选择上好宣纸。一般托好的心子，相当于两层夹宣的厚薄最为适宜。

（4）如采用软出助装裱，先要将心子稍作整理裁方，在托心时四边先各镶2厘米的助条，助条的搭缝要越少越好，然后再进行托心。

（5）书法心子托裱上壁需隔一日才能下壁，没有干透的心子不能下墙，否则心子易皱。

2. 托料

选配镶料，进行托料。操作方法参见第三讲第二节绫绢托裱技法。

3. 贴直条（嵌折、骑条）

旧的书法心子如有断裂，需在断裂缝的背面贴上一条约0.3厘米宽的细长宣纸条，以防心子上墙出现挣裂或收卷裱件时出现折印。

操作方法：将宣纸按横纹裁成 0.3cm 宽的细条待用。把晾干的心子托面朝上放在拷贝台上（如无拷贝台也可安置在玻璃窗上），透过光线看到裂缝，将刷过浆的细条宣纸粘贴在裂缝处。如果心子裂痕较多较密，贴直条时要注意不能使两条间形成碰缝，以免生成新的裂缝。

4. 方心

方心即将托过的心子四边裁正，使之左右与上下的两边各自平行，四角成直角。

操作方法：

（1）将心子面朝上铺在裁板上，先把题款、印章或书法内容比较靠近心子边际的一边裁齐，并要注意题字、落款、印记不能歪斜。裁时，左手按住尺，右手持刀从左往右一刀接一刀裁。

（2）裁好一边后将心子对合，使已裁齐的一边比齐，上压一把尺，用针锥在未裁的一边扎一、二个眼作记，将心子展开，用尺和刀依据扎的眼，将另一边裁齐。

（3）再把裁齐的两边合到一起比齐，上压一把尺，在未裁的两边边际再扎眼作记号。展开心子，依据扎的眼将未裁的两边裁齐。

采用软出助装裱的裱件，方心时将心子四边各留出约 0.4 厘米，作为出助条。

5. 裁配镶料

根据心子大小及装裱形式，计算并裁配绫、绢、纸等镶料。

镶料的尺寸与心子有一定的比例。一般立轴左右两条边的镶料宽相等，天头和地头的镶料比例为 3∶2。如果心子幅面较长的，则两条边的下料应适当放宽一些，天地也相应缩短一些；如果心子幅面长与宽相差不大，则两条边的镶料应适当窄一些，天地也相应加长一些，还可以设计装裱成“二色裱”或“三色裱”；如果心子幅面是正方形或横宽竖窄，则可去掉两条边，采用“宋式裱”的款式。总之，裁配镶料以传统的规格为基础，针对实际情况灵活应用。

注意：裁配镶料时花纹的横竖要一致，否则其色度、光泽度有明显差异，影响美观。

立轴镶料参考规格（单位：厘米）：

心子规格	天头长	地头长	边宽	备注
34*68	60	40	6.5	
45*68	66	44	6.5	可裱双色，上下隔界共40，天地共100
38*84	54	36	7.5	
50*84	66	44	6.5	可裱双色，上下隔界共35，天地共100
45*97	54	36	7.5	
60*97	60	40	6.5	
28*80	40	26	5	屏条
34*100	50	35	5	屏条
34*138	40	26	5	屏条
34*138	24	16	4	字对
42*150	30	20	4	字对

注：双色裱上下隔界比为 4∶3，天地头比为 3∶2.

6. 出助（镶距）

出助，即在心子四边镶出纸条，并使心子和镶料之间留露一线，使裱件更加美观、精致，又能使日后重裱时不易损伤画面。

出助有软出助和硬出助两种。

软出助：即在裱件托心时四边先各镶 2 厘米的助条，方心时，将四边各留出约 0.4 厘米，作为助条。

硬出助，即在心子四边反镶纸条，将心子和镶料连接在一起。出助条可采用浅色的二层染色宣纸托裱而成，出助条宽约 0.6 厘米，较大幅面的书法心，出助条宽约 0.7 厘米。

硬出助的操作顺序：竖式书法心，先镶左右两边，再镶上下两边；横式书法心，先镶上下两边，再镶左右两边。

硬出助的操作方法：将书法心面朝下放在台上，上压一把尺，防止书法心移动。用隔糊纸和广刷在书法心边际刷 0.2 厘米宽的稍稠浆糊，将心子向前移动一下，擦去台上的余浆，把镶条粘接上。注意，助条不能拉得太紧，接口控制在 0.2 厘米。取一张吸水纸，垫在接口部位，用手捋压一遍，使接口完全粘合。依此法再镶好另外一边。镶好两边的助条后，用裁刀将两头裁齐，以同样的方法再镶好另外两边。

注意，助条不可太宽，颜色也不可太跳否则易显得突兀，失了主次。助条最好选择淡色或暗色，不仔细看不注意，仔细看了会觉得很精致，整幅装裱作品有层次之分。

7. 镶锦牙

在书法心的上下端各加镶一锦条，称为“锦牙”，也称“锦眉”，起衬托画面、增加美感的作用。锦牙的颜色，要注意区别于镶料和画面的颜色，如果三者颜色一致，便失去了加镶锦牙的意义。一般锦牙的上边一条宽 1.5–2 厘米，下边一条宽 1.2–1.7 厘米。

锦牙的镶法：锦牙一般都为反镶，正镶锦牙容易起毛。如果不镶助条，可在书法心的背面上下两条边际分别抹浆反镶锦牙，两侧齐头后，再反镶左右两条边，然后正镶天地，使锦牙在书法心的上下各露出一部分。如果镶助条再加镶锦牙，可先把书法心上下两边正面所余的助条部分各裁去一半，再反镶锦牙，正镶两边及天地。

锦牙也可四边全镶，以衬托画面。

8. 镶料

镶料，就是将配好的料，按顺序用接镶的方法或挖嵌镶的方法镶于书法心上。装裱书法大多采用接镶的方法，因接镶较省料，可套裁。挖嵌镶的方法多用于比较珍贵或特殊形式的作品，如圆光画心、扇面画心等。立轴一般镶料先镶左右两条边，再镶天头和地头。

镶料的方法：

（1）接镶

① 正镶：镶料镶在书法心正面称正镶。如采用正镶方法，一般都先出助。

方法：将裱件面朝上放在台上，上压一把尺，用隔糊纸和广刷在助条边际刷稍稠浆糊，将镶料正面朝上从右向左粘贴于助条上，并使镶料边和书法心之间留出不足0.2厘米宽的助条线。再取一张吸水纸，垫在镶接的部位，用手捋压一遍。上压一把尺，稍过一段时间，使镶口完全粘合。两边镶好后，在裱件下垫一块裁板，用尺和裁刀将两头多余的镶料裁去。用同样的方法再镶另两头。

② 反镶：镶料镶在书法心反面称反镶。操作方法同正镶法。

（2）挖嵌镶

即将整块镶料根据书法心的大小规格挖去一部分，使书法心镶嵌在镶料上。挖嵌镶的裱件，因其四周无接缝，从而可增加美观与牢固程度。

挖嵌镶的方法：

① 先计算出书法心子所在镶料上的位置，将书法心按应在的位置铺在镶料上（若采用正镶方法，画心应先镶好助条）。

② 用针锥在心子四周边际以里0.2厘米处扎眼，依眼的位置用刀将中间部分（即心子所占有的面积）挖去。

③ 将挖下不用的、四边小于心子0.2厘米的镶料放在心子正中，沿镶料边际在心子上抹一线稍稠浆（此法可使浆口宽窄均匀）。

④ 将书法心对准镶料挖出的洞，取正位置与镶料粘合。如果心子较大，也可将镶料粘贴在心子上。取吸水纸垫在上面，用手按抚一遍。

由于镶料幅面宽度的限制，一些面积较大的书法心子不能采用整挖的方法，则可采用半挖的方法：即将镶料横着使用，先挖出天头及部分边，再挖出地头及部分边，然后以“对茬接”的方法接边。所谓对茬接，即接缝不是相压，而是相对。镶料时，先将挖好的天地分别镶于画心上，待镶口干后，再将两条边镶上（两条边在下料时要稍长一些），在两边的四个衔接部位分别将镶料重叠在一起斜裁一刀，使之呈对茬形状。将裱件翻身，用 0.4 厘米宽的纸条将茬口封贴。

9. 镶惊燕带

在立轴的天头部位，等距离加镶或加贴两条绫绢条，称“惊燕带”，也称“绶带”，原意用以惊吓飞燕，后来演变为纯属装饰性。小幅书法不贴惊燕带。惊燕带一般与天头等高。采用的颜色与天头要有所区别，也可与隔水颜色相同。一色裱惊燕带要短于天头，一般不予加镶；二色裱、三色裱及宋式裱惊燕带长度要与隔水外中一色镶料的天头相等。惊燕带宽为 2 厘米，较大幅面的裱件可取 2.5–3 厘米。惊燕带的下端可剪成各种花样，也可取平口。

惊燕带一般都采用贴的方法，可在镶料时、覆背后或上贴板前进行。镶法：将裱件天头分为三等分，计算出贴惊燕带的位置。在惊燕带托纸一面抹稍稠浆糊，将其分别贴在天头上。

10. 齐边

将已镶好的裱件左右两边裁整齐。

方法一：将镶好的裱件铺在裁板上，上压一长尺，使裱件舒展平整。用尺以边绫为准先裁齐一边，再将天头折合到书法心的镶口部位，并使裁齐的一边比齐。依据书法心连同边绫的宽度，用针锥扎眼作记号，然后将裱件展开，依据扎下的眼，将另一边裁齐。此法齐边需使用与裱件等长的或更长的尺。

方法二：若无长的尺，可先将镶料的天头合向天头与书法心的镶口部位，使书法心两侧的绫边相齐，上压尺，依据书法心子连同边绫的宽度，在天头上边两侧分别作记。再以同法在地头作记。然后将裱件展开，依据扎下的眼，分别将天地两侧余边裁掉。将书法卷起，两端分别顿一下，看是否整齐，如不齐再修裁一次。

11. 转边、包边

（1）转边，即将心子两侧的镶料边际各向背面折回约 2 毫米，以防绫绢脱丝，增强边际厚度，使裱件结实牢固。

转边方法：

① 扎眼：将齐边后的裱件卷起，两端分别顿一下，在两端离边际约 0.2 厘米处扎眼，眼要扎正、扎透。

② 划边：将裱件正面朝下平铺台上，上压尺，用针锥比着短尺，依据扎眼，从左往右轻轻的划出一道折痕。划时用力不要太大，针锥不可太尖，以防将绫绢划透划破。用手将划出的边翻起捋压一遍，使划痕成折痕，以便转边。

③ 转边：用广刷和隔糊纸从右往左刷稍稠浆糊，刷一段（一般不超过 50 厘米）用棕刷将划出的边推扫折粘，随刷随折粘。推扫时，棕帚与裱件成 45 度角推扫，用力要先轻后重。

（2）包边，也称“套边”。即用色纸将裱件两侧的镶料边包上。

包边方法：将色纸裁成约 0.6 厘米宽的小条。在裱件正面两侧锦绫边际抹 0.3 厘米宽的稍稠浆，将包边纸沿浆口贴上，垫上吸水纸捋压一遍。待浆干后，将裱件翻身，画面朝下，在包边纸余露部分抹浆，用手将包边纸捋起来包于锦绫边际背面，使正面边际显露一线宽约 0.3 厘米的包边纸。用同法将地头下侧边际也包好。

立轴使用锦绫装裱的边际大都采用包边处理。

12. 折贴夹口（串口）

夹口，即裱件安装天地杆的部位，由夹口纸和夹口镶料组成。

操作方法：

（1）折夹口镶料

将裱件正面朝上放在台上，按天头 2 厘米、地头约 5–6 厘米的规格，分别将天地头夹口镶料向正面折起，捋压一遍，并压下去折成死折。

（2）粘贴夹口纸

夹口纸由宣纸制成，宽度略等于裱件的宽长，长度以分别包过天杆或地轴的一周为度，一般天头夹口纸长可取 6 厘米左右，地头夹口纸长可取 15 厘米左右。

粘贴夹口纸方法：将裱件面朝下放在台上，并将折好的夹口压在下面，用广刷和隔糊纸在折口处分别刷上宽约 0.5 厘米的稍稠浆糊，沿浆口贴上夹口纸。稍干，将回折的夹口镶料展开。

13. 复背

即将两层宣纸复于裱件背面，使裱件平挺、牢固。

复背有干复背与湿复背两种。干复背适宜于托裱容易掉色的裱件。操作方法参见第四讲第二节“托裱技法”中的复托法。

湿复背操作方法如下：

（1）托复背纸

将复背的两层单宣用湿托法托在一起。两层复背纸之间的接缝要错开，不能叠在一起。接口约在 0.2 厘米左右。第二层复背纸的右端边际与第一层复背纸稍稍离开一丝，以备与包首相接。

（2）滋润裱件

复背纸托好后，将裱件正面向下铺于复背纸上，用排笔在裱件背面两侧转边或包边处及天地夹口镶接处，稍许润一些清水（为图方便，也可用浆水），再以浆刷在裱件上稍许润一些水。然后将裱件正面朝里，从地头一端卷起，放在一边，使之稍加滋润。

（3）上包首

包首是书法裱件卷起后包在外面的一块镶料，起保护和美观作用。包首一般采用托过宣纸的绫绢，包首的颜色与镶料统一，宁浅勿深。立轴裱件的包首可加也可不加，一般较考究的话要加绢包首。

先配好包首料，一般中小规格的书法作品，包首长度可取 22–25 厘米左右。包首的宽度比裱件的宽度长出 0.5 厘米，以作包首两侧回边之余地。将配好的包首料，面向下粘贴在复背纸右端边沿上，粘贴口以 0.3 厘米宽为宜。

（4）上裱件

在复背纸上刷稀浆，将卷起的裱件展开一部分，使夹口纸与包首对齐，裱件处于包首和复背的居中位置，再将整个裱件刷服于复背纸上。

（5）包首转边

用棕刷将包首的余边依据裱件天头的边沿翻起，刷在天头的边口上形成一道折痕，再将天头一侧掀起，将包首的余边沿折痕翻折，再在折边上添厚浆，随后将掀起的天头重新复于包首之上（或先夹耳子再将裱件复于包首上，夹耳子的方法参见手卷的装裱方法），并使包首与天头边口对齐。

（6）排实

将裱件连同复背纸和包首一起揭起，翻转，使正面朝下。先用棕刷将裱件大致刷一遍，然后再进行排实。排时，要从上往下、从右往左用力逐排，并在裱件的各个镶口、转边及包边部位，以宣纸垫着用棕刷敲打一遍，使复背纸与裱件幅面完全粘合。排刷完，分别在天、地绫夹口边际平均抹三四点稍稠浆，使绫夹口和纸夹口粘在一起，防止上贴板后绫夹口出现收缩。

注意：在复背前对于旧的画心，要查看是否有断折，如有断折须加镶嵌条加固，方可复背。

14. 贴签条、废肩、搭杆

签条是用来题写作者姓名、书法名称等的纸条，一般采用仿古洒金宣或仿古染色旧纸，其宽度约 2–2.5 厘米，长约占裱件宽度的二分之一或稍短。用稍稠浆将其贴在裱件背面靠天杆的部位。

废肩可用宽 3 厘米、长与包首等高的绫绢条。将废肩的绢面与包首面贴牢，接口约 0.5 厘米宽，余出部分作裱件上壁时刷浆贴壁，待裱件下壁后，即可揭去废肩。

搭杆也称“角绊”，作用是为了增加下夹口的拉力，以防地轴脱落。搭杆可用与镶料同一颜色的绫绢，搭杆的长约 15 厘米，宽一头为 1 厘米、另一头为 2.5 厘米，形状为上窄下宽的斜长形。用稍稠浆将其贴在裱件背面地头下夹口两侧边沿，窄面在上、宽面在下、夹口接缝以上不超过 4 厘米处。

15. 上壁

在裱件四周余边处，刷少许稍稠浆，并在浆口的一侧贴一小纸条作起口。两手将裱件提起上墙，如幅面较大可由两人配合进行。注意，裱件上壁必须贴直。贴好后，用棕刷将四周敲打一遍排实。将复背纸的浆口揭开一处，往里吹点气，使裱件鼓起稍稍离墙，这样干后容易起下，再将揭开处粘贴排实。天气干燥或裱件湿度不匀时，裱件的废边或镶缝易崩开，为防止上壁后挣裂，可适当地在幅面无接缝处喷洒少量清水。

16. 下壁

裱件经复背上墙后，一般需要经过三至七天或更长的时间才能起下，裱件在墙上的时间越长，裱件越平挺。操作方法可参见第三讲第二节托绫绢法中的下壁法。注意，不要使裱件折闪，大幅裱件面朝里随起随卷，不能反卷。下墙后要及时砑磨、剔边、装杆。

17. 砑光

裱件经过砑光，可使表面结实、柔软、光滑，且易卷易舒，不损原件。

砑光的方法：将裱件正面朝下放在台上，先仔细检查一遍，如有砂粒等杂质，用刀刮去，以防在砑磨时将画面划伤划破。然后在裱件背面均匀地擦上蜡，绢包首部位不要擦蜡，可在包首上垫纸，隔纸擦蜡砑磨。砑磨方法：两手握砑石，用前推后拉的方法，依次从右向左砑。砑时用力轻重要均匀，砑痕排列要一致，防止漏砑。砑完一边，将裱件掉个头，再砑一遍。同时在镶口、转边或包边部位要多砑几遍，使裱件更加光滑平整。

18. 剔边

即剔除多余的裱件复背纸余边。

剔边方法：将裱件正面朝下平铺台上，先将废肩从包首边上拉去，再将复背纸边际的余边翻起，沿裱件的边口往里折，用指甲捋平折口，使转边或包边部位露出一丝，再用锋利的裁刀沿废边折口从右向左将余边剔掉。

19. 配制天地杆

配制天杆

（1）断杆：用竹起子将天头绫夹口和纸夹口的点浆处起开，把天杆放在裱件夹口处，依据裱件的宽度在天杆两侧用铅笔画线作记，依据所划出的印记，将其两端多余的部分锯掉，天杆两端如有锯口毛刺，可用砂纸打磨干净。如果采用包边，在量天杆时，需依据天杆平面的宽度，用针锥在棱夹口上划一印痕，垫小裁板将印痕外多余的部分裁掉，上天杆前先行包边。

（2）制作铜鼻（绦圈）：将直径约 0.1 厘米粗细的铜丝按 6 厘米一段截开，用尖嘴钳子将铜丝以直径约 0.3 厘米的长铁钉为模，捏制成如图 形，即可使用。

（3）钉铜鼻：在天杆立面一侧（鱼背状面的侧面），根据一定的比例，用钻子钻洞，以尖嘴钳将铜鼻钉于天杆上，以供穿绳挂书法作品之用。一般幅面较宽的立轴，需钉 4 个铜鼻（中间两个铜鼻间的距离略大于两边两个铜鼻间的距离），字对等幅面较小的立轴一般钉两个铜鼻即可，屏条为四个铜鼻。

铜鼻位置设置：取一张稍硬的纸，把它裁成长与裱件天杆等长、宽约2厘米的长条，将长条折出4个鼻眼位。折叠方法：①先把长条对折。②再对折一次。③把再对折处打开，将对折处对齐再对折处的折痕折叠，用剪刀在折叠处剪去一个小三角。④再将剪过角的折叠处对齐长条边对折，用剪刀在折叠处剪去一个小三角。⑤打开纸条，4个小三角的凹陷处即为4个鼻眼。

铜鼻安装方法：在天杆的立面上依照纸条上确定的鼻眼位置，用铅笔做记号。用枪钻在记号上打一穿透的小眼，将铜鼻插入眼中，用尖嘴钳将铜丝紧靠天杆部位折弯，再将铜丝一端折弯一小段钉入天杆内。

（4）包头：将绫绢剪成2厘米见方的小块，包裹在天杆的两端。包头的用料可取颜色与镶料相同的绫绢。

配制地杆

（1）断杆：用竹起子将地头绫夹口和纸夹口的点浆处起开，将地杆置于地夹口并与夹口接缝相平行，依据裱件的宽度在地杆两侧用铅笔画线作记，两端再各留出2厘米余地，用铅笔画线作记，以备安装轴头。依据所划出的印记，用专门锯地轴榫头的机器锯出榫头。如果没有机器，也可手工锯，方法：依据所划出的印记，先将两端多余的部分锯掉，然后用一边为直线的纸条依据印记在地杆上缠绕一周，用铅笔沿纸条边画出锯口（也可不用铅笔画而直接将纸条粘住），用锯按画出的锯口线将地杆旋转锯一周，留着地杆中心。注意下锯要正、要浅。如果下锯不正，轴头安上去会不合缝；如果下锯太深，容易出现锯掉榫头的现象。两头锯好后，用刀劈去锯下的部分，留出榫头来，再用木锉锉圆锉正（也可用刀削）。锉榫头时，要一边锉一边试安轴头，直到合缝为止。

字对、屏条等幅面较小的立轴的地杆无需装轴头，地杆的两头为平面。

（2）包头：用与镶料颜色相同的绫绢边料，或包首边料，将其剪成铜钱形，在托纸一面抹浆，将其套进榫头，然后包于地杆两端。也可将绫绢剪成长约绕地杆一周、宽约 1.5 厘米的长条，包于地杆两端。

字对、屏条等幅面较小的立轴的地杆两头，用宋锦或锦绫裁成稍大于地杆截面的圆形包裹粘贴。

（3）安轴头：在轴头的孔里抹少许乳胶，随即将其安在地杆两端的榫头上。如果榫头制作的松了，可以在榫头上垫些废纸，然后将轴头装上，轻轻敲几下，使之牢固合缝。

20. 装杆

（1）装天杆方法

① 将裱件背面朝上铺在台上，天头夹口对着自己，上压尺。将夹口纸向背面回折，使夹口绫纸与天头两边对齐，夹口接缝呈直线。

② 将配制好的天杆平面对着自己，鱼背状面朝后，装有铜鼻的一面朝上，平行置于回折的夹口折缝处，并使折缝露出一线，天杆的两端与夹口左右取齐。

③ 两手将夹口纸包过天杆一周扣平，并使铜鼻穿透夹口纸显露在外面（如果铜鼻难以穿透绢包首，可用剪刀将绢剪开）。

④ 用手指甲沿天杆平面与夹口纸接缝处划一道印痕，取掉天杆，用裁刀按印痕把多余的夹口纸裁去。

⑤ 再将天杆平面朝下，一边紧靠夹口折缝处，另一边用针锥在天头绫夹口背面划印，再刷浆、转边。

⑥ 把天杆垫在纸夹口下面（起隔糊和隔潮之用），在纸夹口边沿和天头绫夹口处抹浆。

⑦ 把天杆取出置于回折的夹口折缝处，并使折缝露出一线，天杆的两端与夹口左右取齐，两手将纸夹口紧紧地包在天杆上，随即将天杆合下去，用手稍压一下，使绫夹口紧贴于天杆平面上。

⑧ 将裱件翻面，在天杆平面部位按抚一遍，使之完全吻合并无皱褶。

注意：刚上好的天杆因浆口未干，不可与裱件幅面接触，以防潮气侵蚀裱件，使之变形。

（2）装地杆方法

① 将裱件背面朝上，地头对着自己，压上界尺，翻起覆背的夹口纸，将夹口纸向背面回折，使夹口绫纸与地头两边对齐，夹口接缝呈直线。

② 将地杆试卷一下，看看有无问题。

③ 将地杆垫在夹口纸下（起隔糊和隔潮之用），沿夹口纸边际抹约 1 厘米宽的厚浆。

④ 抽出地杆，将其平行置于夹口接缝处，使折缝露出一线，并使地杆两端（轴头与地杆相接处）与裱件两侧取齐。然后将地杆向前方慢慢滚动，注意要滚得平行，当滚到接近浆口部位时，便一手按住地杆，勿使其移动，一手掀起纸夹口，将其包在地杆上，随即慢慢向回卷，要卷紧卷匀。当卷到夹口接缝部位时，检查一下，地杆是否与夹口接缝相平行，如不平行，找出原因，拆掉重卷。

⑤ 然后在夹口接缝处的两头及绫夹口边际抹上一道厚浆，在复背的折印处点一些稠浆，将地杆卷过夹口接缝，卷紧封实。

⑥ 将裱件翻面，用吸水纸垫在上面捋压一遍，使之完合吻合并无皱褶即成。

注意：刚上好的地杆因浆口不干，不可与裱件幅面接触，以防潮气浸蚀裱件幅面，引起变形。

21. 穿绳封头

即在天杆的铜鼻上拴挂画绳（挂画绳为深棕色圆丝绳），分别在两边的铜鼻上套扣，形成一个如意结。

穿绳方法：

① 将裱件卷起，正面朝上放在台上，天杆朝自己。

② 截取一段与裱件宽等长的挂画绳，将绳子的一头穿过天杆的四个铜鼻。

③ 将靠边的一根绳头绕铜鼻从绳下穿过，再穿过铜鼻圈收紧，用木槌将铜鼻敲下将绳压住。

④ 再将另一头绳头拉紧，按上法套扣。

⑤ 剪去多余的绳头，留 4–5 厘米以便封头。

封头即用绫绢条将绳头包卷固定。方法：取宽约 0.5 厘米的绫绢条，在绫绢条托纸一面抹厚浆糊，将留出的一段绳头与穿绳包紧粘牢。一般裱件一边封三段封头，字对裱件封两段封头。

最后用木槌将所有铜鼻敲下将绳压住。

22. 系扎带

即在挂画绳的中间系一条丝带，作捆扎卷起后的裱件用，一般用色丝带，其长度以绕过裱件卷轴两周并有余地系扣为度，约长 70 厘米左右。系扎带时，将扎带的两头调节为一长一短，短的一头约 10 厘米长，在穿绳的中间部位以套扣为佳。

四、立轴装裱质量的标准

（1）裱件幅面平整洁净，无跑墨脱色。

（2）裱件镶料的尺寸，长宽比例合理，镶缝与接缝处宽度适宜相等。

（3）画面上印章、落款等靠边处裁切齐准，不伤画意。

（4）镶料裁切齐准，裱件卷起两边平齐。

（5）天地杆、铜鼻等装配合适，粘贴紧实。

（6）砑背光亮，整幅裱件柔软手感好，无起壳。

（7）裱件镶料与原件的色调整体协调。

第四节 横 披

“横披”是我国书法作品及拓片等的传统装裱款式之一，即幅面为横长者，装裱时两头装“木眉”（也称作“耳”）。在传统的横披装裱款式中，横披上装有“月牙杆”，也称“互合杆”、“和合杆”。“月牙杆”直径约3–3.5厘米，横截面为半圆形，在横披的左边装两个，右边装一个。横披卷起时，左边的两个月牙杆相合成为圆轴，使裱件像立轴一样，便于卷舒。也有取一圆棍作轴卷起。现代横披左右两杆通常使用天杆。但近些年来，该款式逐渐减少，主要原因，一是横幅作品本身就比较少，二是现在横幅作品大多装裱成镜片，便于悬挂和收藏（图9–10）。

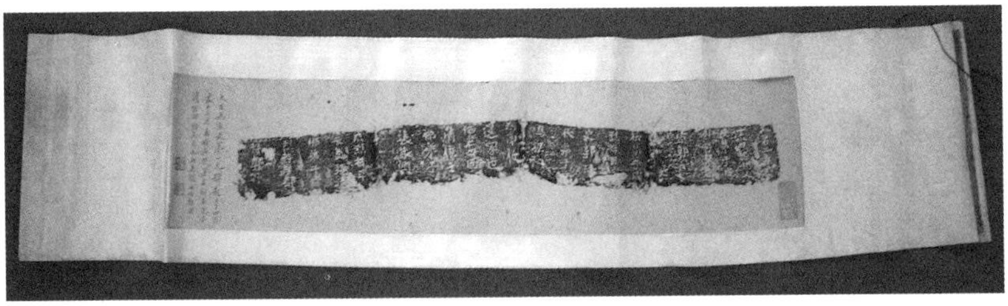

图9–10 横批式书法

一、横批结构图

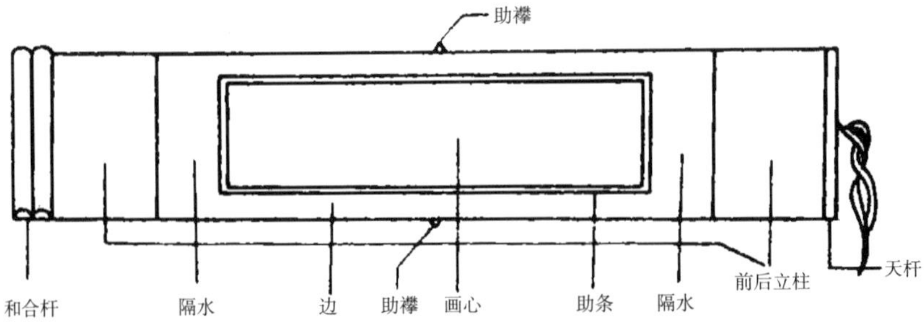

二、装裱流程图

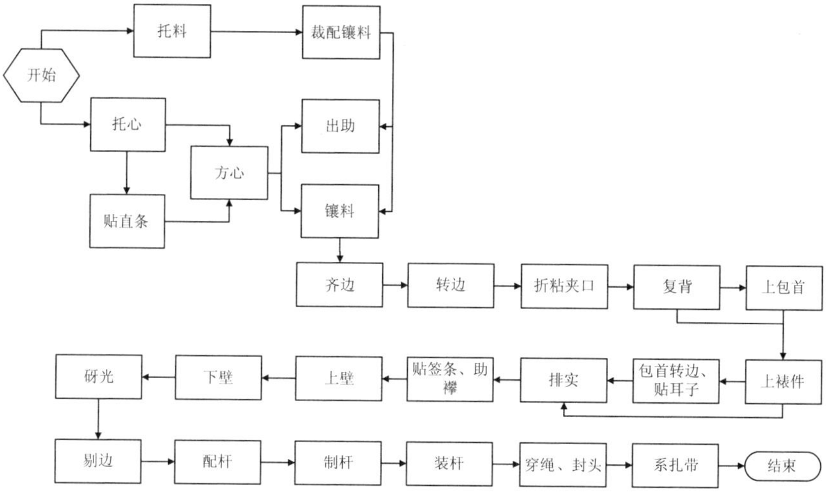

三、装裱步骤和方法

1. 托心、托料、方心、镶直条、出助

操作方法参见本讲第三节“立轴”中相关部分。

2. 裁配镶料

横披上下两边的镶料称为“边”，左右两边的镶料称为“耳”。两边镶料要小于两耳镶料。如果上边比下边稍宽一些看起来更为舒适，上下边的比可为 6∶5。注意：横披的两边与上下天地的镶料，花纹的横竖要一致，否则其色度、光泽度有明显差异，会影响美观。

横披镶料的参考规格（单位：厘米）：

心子规格	上边	下边	耳
34 × 84	6	5	22
40 × 100	6.6	5.5	27
50 × 138	6.5	5.5	30

3. 镶料

横披一般先镶上下两边，再镶左右两边。

操作方法参见本讲第三节“立轴”中相关部分。

4. 齐边、转边、折贴夹口、上包首、复背

操作方法参见本讲第三节“立轴”中相关部分。

5. 贴边绊、签条、角绊

横披在复背前要用边绊粘贴在上下沿边居中处（边绊的作用：悬挂时可在边绊上揌钉，多一个着力点），然后再行复背。

边绊的用料，可取与镶料颜色相同的绫绢，将其裁为宽 1 厘米、长约 3 厘米的小条，在托纸的一面打稍稠浆糊，并叠成三角形，粘贴在上下边沿。边绊也可使用丝线，将粗丝线裁为 2 厘米长，将丝线绞紧的两头放松形成毛茬，再将毛茬部分分别粘贴在上下居中边沿处。边绊可在镶料时直接粘贴好，也可以在复背时，润边和洒水之后进行。中小规格的横披，上下各贴一个边绊即可；幅面较大或较长的横披，上下以各贴两个为宜。

签条贴在横批背面复背纸（或包首）左上角部位，并离开夹口接缝约 0.5 厘米处。

一般中小规格的横披不贴角绊；幅面较大的横披，最好加贴角绊，以增加夹口的拉力。横披的角绊是在复背之前，将其分别贴于左右两边夹口的上下部位。这种贴法因在横披裱就后即被复背纸覆盖，故称作“暗绊”。装法参见上一节“立轴”中角绊的装裱法。

6. 砑光、剔边、配杆、装杆、穿绳封头、系扎带

操作方法参见上一节“立轴”中的相关部分。

第五节　片式的装修

古籍诸如地契、古地图、尺牍、拓片、各类档案等都有以片的形式出现。片式的装裱相对比较简单，主要有以下几种类型：

1. 有些片式文献由于破损严重，修复时只能作托裱加固处理，即小托后保存。

2. 有些尺牍、拓片、书法墨迹等以片式散装式册页装裱，也称"活册页"。每幅单片以镜片的形式装裱，边际进行卷边或包边处理，背纸比镜片多两层宣纸，无需折页和装面。全套以盒收装。规格有横式、竖式、正方。

3. 有些拓片、书法墨迹具有很高的艺术价值和欣赏价值，因此也有对其作美化装潢，即将其装裱成单幅片式，亦称镜片、镜心，装于镜框内悬挂供欣赏。装裱方法以下作介绍。

镜片是书法装裱中较普及的一种装式。是装于镜框内悬挂供欣赏的书法。镜片四周不装轴杆，不转边。镜片的款式根据书法心的横竖规格，有装裱成横式的，也有装裱成竖式的，还有装裱成正方形状的，是一种简易、方便的装式（图 9–11）。

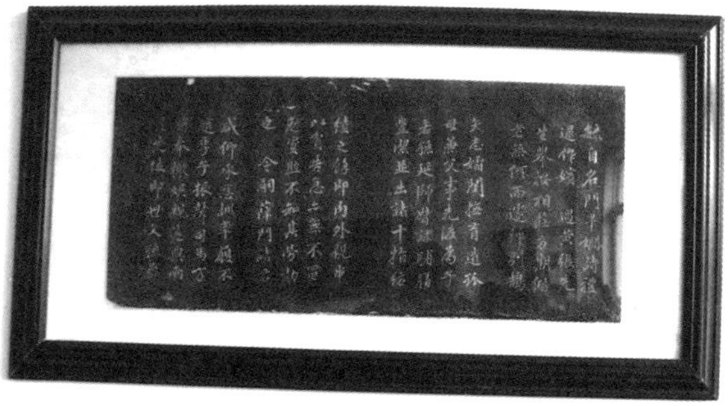

图 9–11　镜片

一、镜片的款色结构图

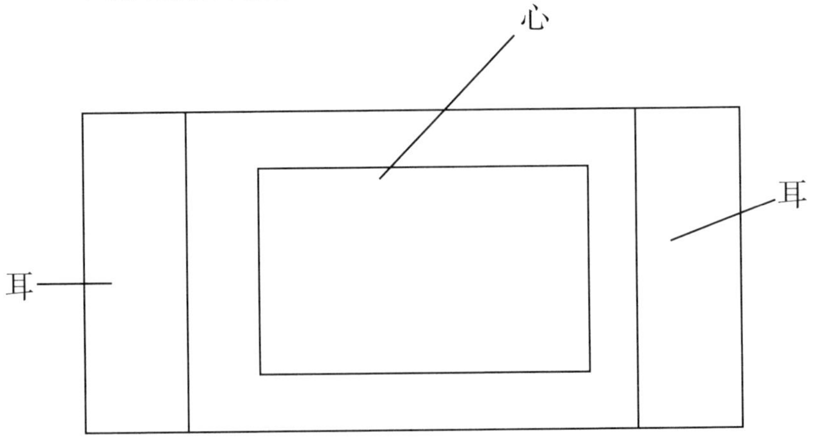

二色裱横式镜片

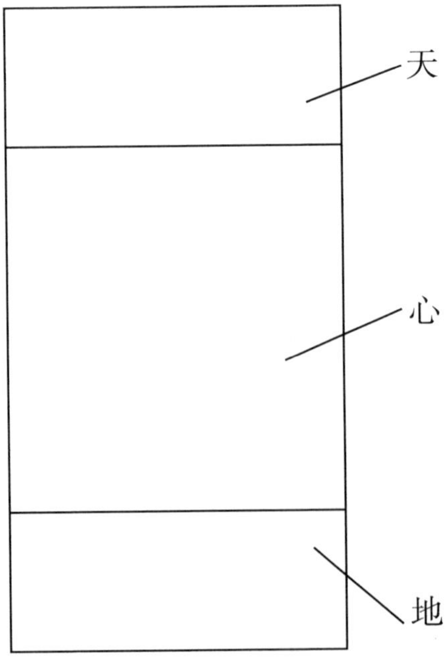

一色裱竖式镜片

二、装裱流程图

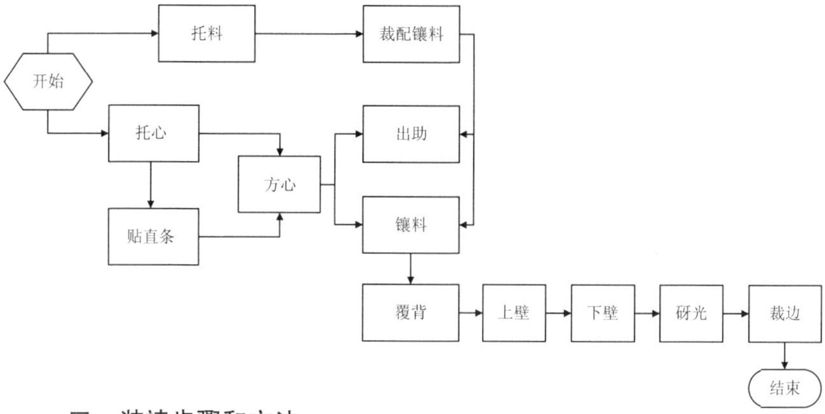

三、装裱步骤和方法

1. 托心

操作方法参见第九讲第三节“立轴”托心装裱法。

扇面托心时需将穿骨纸条和不匀的部分搓去，使扇面的厚薄均匀后才予以托裱。因扇面质地较厚，托纸应选用较薄的单宣。

2. 托料、贴直条、方心、出助

操作方法参见第九讲第三节“立轴”中相关部分。

3. 裁配镶料

横式镜片的镶料，上下两边要小于左右两边。一般中小规格的横式镜片，上下两边可各取 5–6 厘米，左右两边可各取 10–15 厘米。较大的书法心，如 4 尺、5 尺或 6 尺整幅者，大都为横式款式，其镶料要相应加大。上下两边可各取 10–15 厘米，左右两边可各取 25–35 厘米。

竖式镜片的镶料，左右两边要小于上下两边。天头与地头之比为 3∶2。一般中小规格的竖式镜片，两边可各取 6–7 厘米，天地可共取 25–40 厘米。

正方形镜片的镶料，可以根据要求，将其裁配为横式镜片或竖式镜片，也可以裁配成四条边的镶料同宽，将其裱为正方形。

扇面镜片的镶料一般可方裁成 40 厘米 ×65 厘米。

注意：镜片的两边与上下天地的镶料，花纹的横竖要一致，否则其色度、光泽度有明显差异，影响美观。

镜片镶料的参考规格（单位：厘米）：

心子规格	横式		竖式		
	边宽	耳长	天头长	地头长	边宽
34×68	5	10	12	8	5
45×68	6	12	12	8	6
60×97	6	15	15	10	8
68×138	8	18	20	13	8

4. 镶料

横式镜片的镶料，一般先镶上下两边，再镶左右两边。竖式镜片的镶料，一般先镶左右两边，再镶上下两边。横式镜片、竖式镜片及正方形镜片的镶料，除采用一般镶接法外，正方形镜片的镶料四边的相接处还可采用“对茬接”的方法，可使裱件更加美观别致。

操作方法参见第九讲第三节“立轴”中的镶料法。

5. 复背

镜片复背较立轴简单，小镜片复背纸为 2 层，大镜片复背纸为 3 层，挖嵌扇面的复背为 5–6 层宣纸（复背纸需事先托好）。

操作方法参见第九讲第三节“立轴”中的复背法。

6. 研光

操作方法参见第九讲第三节“立轴”中的研光法。

7. 齐边

可按镜框的尺寸将四边多余部分裁去。

第十讲 存放古籍的各类函套制作技法

函套也称装具，即囊、纸板盒、夹板、木盒等的总称。函套不仅能起到保护文献的作用，还能增加文献的美感，使文献更显珍贵。函套的制作非常讲究，就其使用的材料可分为三种：

1. 布帛函套：也称“囊”，即用丝织品、布等制作的装书袋（图10–1）。

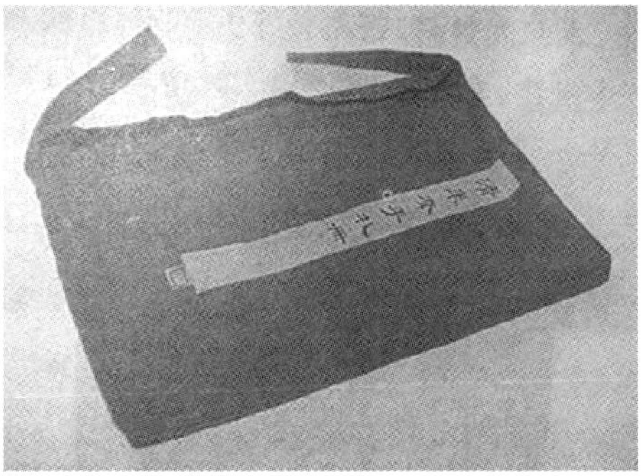

图 10–1 布帛函套

2. 木质函套：一般选用楠木、樟木、檀木和红木等名贵木材制作。木质函套大都由木工高手精制而成。主要有以下几种：

（1）夹板：由平滑的木板制作，每块板上凿四个扁孔，用以穿绳捆绑书籍。夹板防蛀、防霉的效果较好，但防风防尘效果差，故适用于南方（图10–2）。

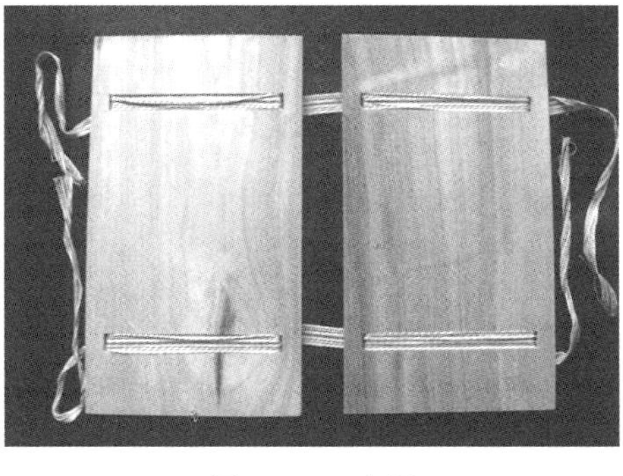

图 10–2 夹板

（2）木盒、书箱：宋元刻本及精抄、精校的珍本，多用木盒盛装。制作时不用铁钉，只用鳔胶。

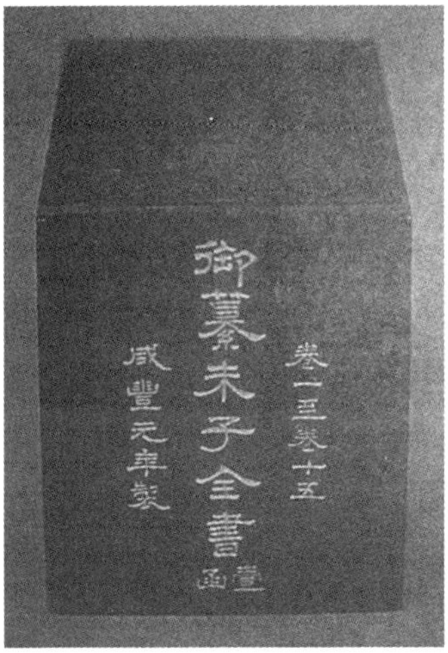

图 10-3 书箱

图 10-4 锦糊函套

也有的在木盒、书箱上下各垫一块樟木板，以防虫蛀（图 10-3）。

3. 锦糊函套：布帛制函套和木制函套，因其用料昂贵，制作工艺复杂，因此一般文献很少配制。而锦糊函套造价适中，制作工艺容易掌握，是一种既美观牢固又经济实用的函套形式（图 10-4）。但由于锦糊函套用糊多，易虫蛀发霉，故适用于风大尘多气候干燥的北方，气候湿润的南方不甚适宜。

锦糊函套的内胎大多使用 2-3 毫米厚的纸板，糊盒面料可选用古锦、锦绫，也可用蓝布、漆布等。

锦糊函套的形制各异，有插式、立式、盒式、翻板式等，本章就其中具有代表性的几种锦糊函套的制作程序和方法作一介绍（图 10-4）。

第一节 四合套制作

四合套是书籍式古籍中最为常见的一种函套，其存放的书籍，四面被包裹起来而书首和书根暴露在外，故称其为四合套(图10-5)。

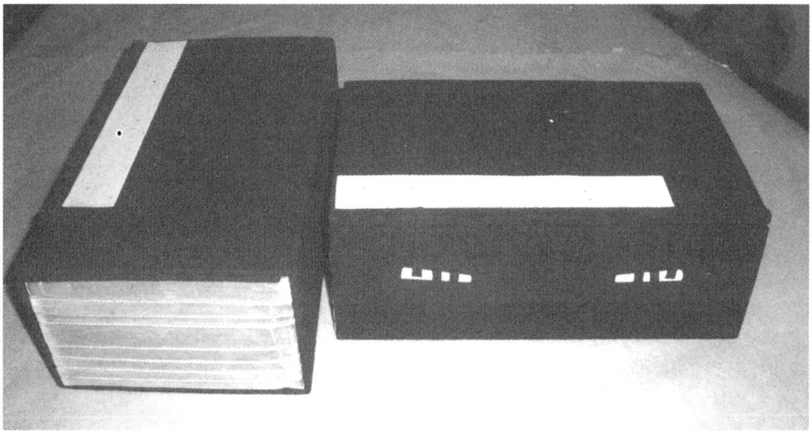

图 10-5 四合套

一、操作流程图

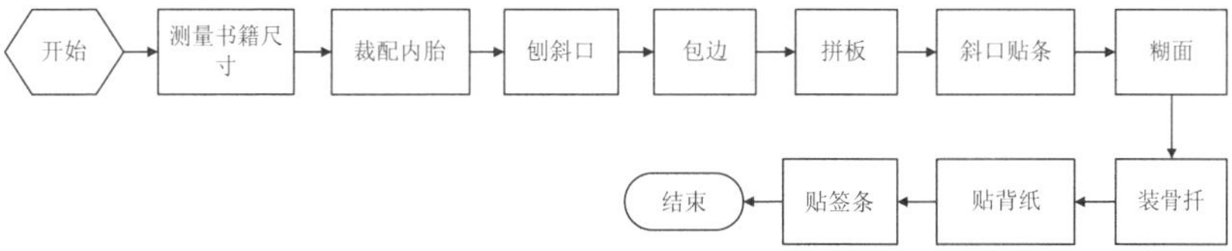

二、操作步骤和方法

下面以书长 28 厘米，宽 18 厘米，高 6 厘米为例，介绍制作其四合函套的步骤和方法。

1. 测量书籍尺寸

测得书籍实际尺寸为长 28 厘米，宽 18 厘米，高 6 厘米。

如果一部书为大部头书，共有十几册甚至几十册，则可将书分装几个函套，习惯上分的函套数为双数。

2. 裁配内胎（内胎为 0.3 厘米厚的纸板）

纸板需用裁纸机裁切。内胎大小的计算方法如下：

套盖与套底：长取 28 厘米，宽比书宽二个纸板的厚度，取 18.6 厘米（套盖也可取 18.7 厘米）。

内盖：长同套底，取 28 厘米，宽比书宽一个纸板的厚度，取 18.3 厘米。

左墙：长同套底，取 28 厘米，宽比书高二个纸板的厚度，取 6.6 厘米。

右墙：长同套底，取 28 厘米，宽比书高三个纸板的厚度，取 6.9 厘米。

纸板条：粘贴在套盖正面一边，起美观作用。长同套盖，宽约 1 厘米。

3. 刨斜口（图 10–6）

将裁配好的纸板在需拼接的边沿用木刨刨出一条坡形斜口，也可用小刀削。需刨处为：

套底刨左、右两边。

套盖刨左边。

内盖刨右边。

图 10-6 斜口

左、右墙刨左、右两边。

4. 包边（图 10-7）

为节省布料，内盖可用纸糊，内盖的边沿用布条包边。方法：将包面料剪成长为内盖的三边之和（除去刨斜口的一边）、宽约 1.5 厘米的长条，在长条的反面抹浆，将内盖的三边用布条包住。

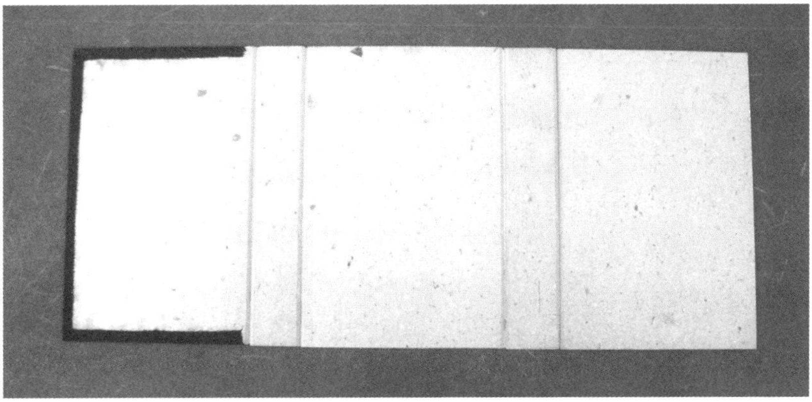

图 10-7 包边

5. 拼板（图 10-8）

在拼板前，先将 1 厘米宽的纸板条粘贴在盖板正面不刨斜口的一边。将纸板斜口面向下，依次排列在台上。先将盖板有斜口的一边和右墙靠在一起，使中间留出约 0.15 厘米的缝，上边或下边依尺比齐，用小镇块压住，将 2 厘米宽的纸条（可用牛皮纸或夹宣）从上到下贴于缝上，用尺压一会儿。用同样的方法依次将右墙与底板、底板与左墙、左墙与内盖拼接起来。

6. 斜口贴条（图 10–9）

在未进行斜口贴条之前，先将书籍放进拼接好的毛坯板套试试是否合适，如果合适再进行斜口贴条。贴条时先裁 4 条宽 2 厘米、

图 10–8 拼板

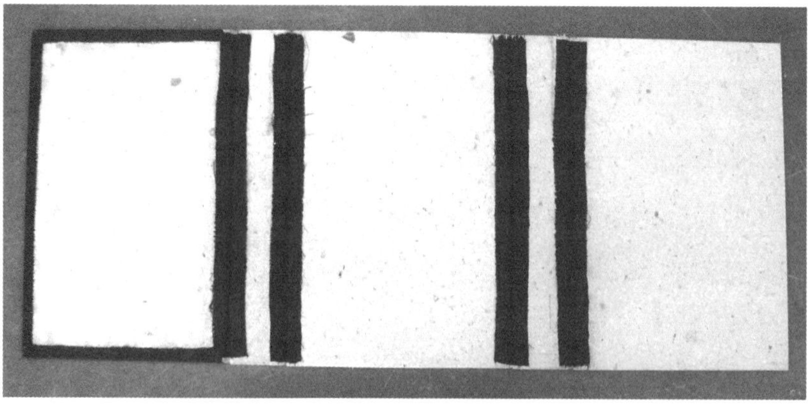

图 10–9 斜口贴条

长比盒套高短 0.5 厘米的包面料，然后在料条反面抹厚浆将其粘贴在斜口的拼接处，并用竹刮的边在斜口的拼接处将料条往下压实，使之与纸板斜面粘合。

7. 糊盒面（图 10–10）

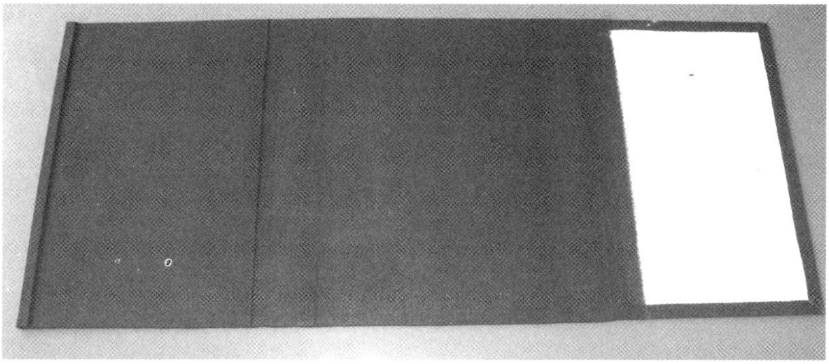

图 10–10　糊盒面

裁包面料：事先将包盒的面料裁好。包盒面料长为套盖宽＋右墙宽＋套底宽＋左墙宽＋包边（4 厘米），宽为套高＋折边（3 厘米）。按例即长为 18.6 ＋ 6.9 ＋ 18.6 ＋ 6.6 ＋ 4 ＝ 54.7 厘米，宽为 28 ＋ 3 ＝ 31 厘米。如果盒套为全包料，则包盒面料长为毛坯板套的长加 4 厘米的转边。

包面：将料反面朝上平铺于台上，均匀地刷上厚浆，把盒套毛坯放在面料上，使上、下、盖口各边余出的料边基本相等，然后把上边的料折回一部分粘贴在纸板上，再连料带坯一起揭起，换一干净处，料面朝上放在台上，用手指及棕刷轻轻将面料花纹对齐刷平，在盒盖两角处将包面料剪去一个三角，使靠角上的料留出约 0.5 厘米，然后把盒的上边和下边的余料折回包好，再将盒盖口的余料折回包好。包到盒盖两个角时，用两个手的大拇指先将盒两边回折的料用指甲将其压平在盒盖口侧面的平面上，然后把盒盖口的余料折回粘贴在板上。如果盒套为全包料，则内盖处末尾料的包法与盒盖

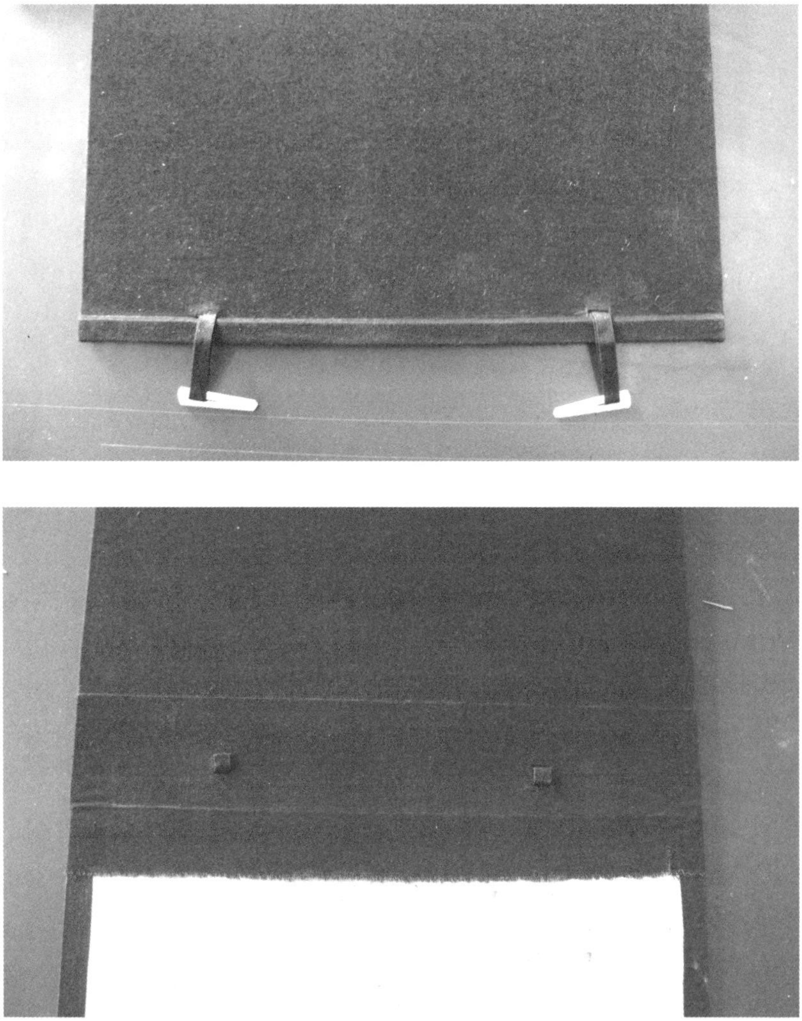

图 10-11 装骨扦

口料的包法相同。

注意：包料时面料的花纹要对齐。如果包料的材料质地较稀疏，浆最好刷在纸板上，否则浆容易从料面挤出，弄脏盒面。

8. 装骨扦（图 10-11）

（1）制作骨扦带。在装骨扦前先用包面料做几条带子。带子的做法：将面料根据所需长度裁剪成约 2 厘米宽的长条，在长条背面抹厚浆，将其长边的一边先折贴进 0.7 厘米，再将另一边也折贴进 0.7 厘米，使折贴好的带子厚为三层，宽约 0.7 厘米。带子的宽窄根据骨扦的大小来决定，盒大，则骨扦大、带也宽，反之，则带窄。

（2）打盖口装骨扦的洞。将套盖口面对自己，面料向上放在锥板上，在套盖的左右两端靠套盖口分别打一个扁洞，扁洞离盒盖前边约 1 厘米，即紧靠纸板条的边上，离盒盖的边约为盒盖长的六分之一。

（3）打骨扦插口洞。将带子一端穿进骨扦装带的眼里，并使带子的两头相齐，再将两条相齐的带子末端塞进扁洞里，把套盖合起来，将骨扦的带子垂直拉下，将骨扦放在约距盒高一半不到一点的地方（视盒的高度调节距离），并将骨扦的尖头微微朝上翘，用笔依骨扦中间的两边在左墙上划两条打插口洞的印，然后打开盒盖，将左墙放在锥板上，依画印分别打双眼扁洞，装插骨扦的插口。一枚骨扦可以安装一个插口，也可以平列安装两个插口（靠里的一个稍小一些）。

（4）装插口带。将带子一端穿进插口的一个扁洞，另一端穿进插口的另一个扁洞，在洞上另放一个骨扦，按骨扦的大小抽紧带子。取出骨扦，将左墙放在锥板上，用剪刀将多余的带子剪去，留约 0.5 厘米，将带子分别向两边安平，用木槌使劲捶敲，将留出的带子下面的坯挖去部分，用白胶将带子粘贴在挖去部分，使带子与坯面基本平。

（5）装骨扦带。骨扦带子的长短比齐后，将盒套翻转，将多余的带子剪去，留约 0.5 厘米，用木槌使劲捶敲，将带子分别向两边捶平（注意，捶时不能使盖口贴的 1 厘米宽的纸板条上留有带子的印痕，捶时可在纸板条的边上放一块同样厚的板），将留出的带子下面的坯挖去部分，将带子粘贴在挖去部分，使带子与坯面基本平。

9. 贴背纸（图 10–12）

一般背纸使用白纸，考究的可使用有图案花纹的纸。将纸裁成分别比盒盖、盒底、内盖、左右墙等纸板的四周窄约 0.3 厘米，在纸上刷稍稠浆，将它们分别粘贴在盒盖、盒底、内盖、左右墙背面的纸板上刷平。

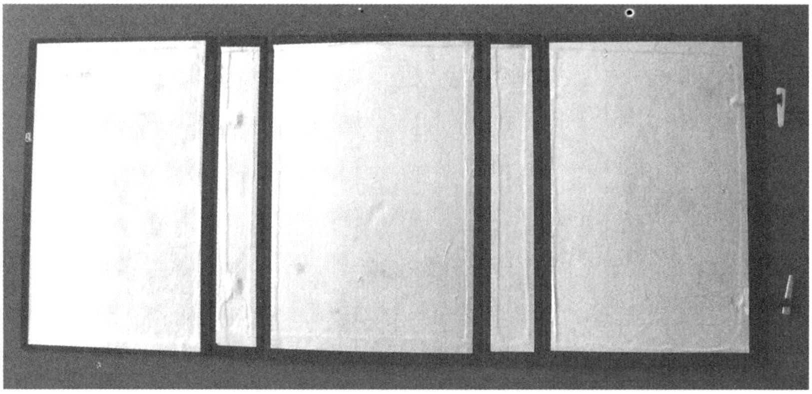

图 10–12　贴背纸

10. 晾干

将做好的书套放在阴凉通风处晾干，也可在未干透时平放在台上，压上重物待干。

11. 贴签条

签条通常选用洒金宣纸，或深色仿古色宣，也可将其托裱成有 0.15 厘米宽的白色软出助。

签条长约为盒面的三分之二至十分之七之间，宽约为盒面的六分之一。

签条贴在套盖的左上方紧靠纸板条处，距上边口约 0.5 厘米，刷满浆粘贴。

三、四合套制作质量要求

1. 书籍装进合套不松不紧，大小适宜。
2. 每块内胎拼接处所刨坡形斜口宽度适宜相等。
3. 每块内胎拼接处相隔距离适宜相等。
4. 盒面洁净不脏，包面料包裹紧密花纹整齐。
5. 骨扦与插口安装位置合适服贴。
6. 背纸与签条粘贴位置合适平整。

第二节　六合套制作

四合套书籍的书首和书根暴露在外，而六合套在书首和书根两面再多加两块纸板，可以将书籍整个包起来。六合套的内盖可以制成各种样式，如月牙形、如意形、回形等，以增加函套的美感(图10–13)。

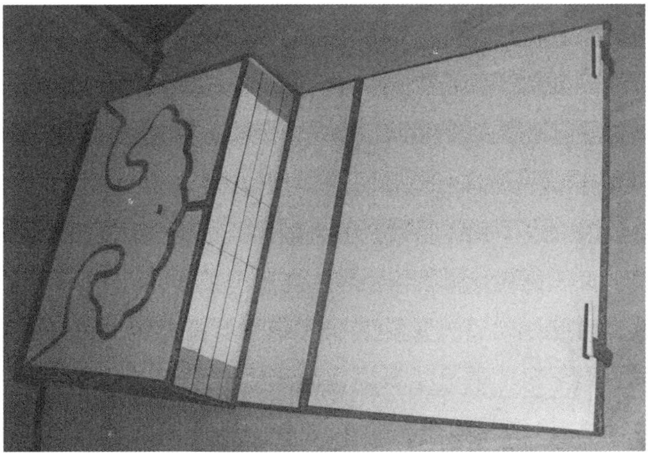

图 10–13　六合套

一、操作流程图

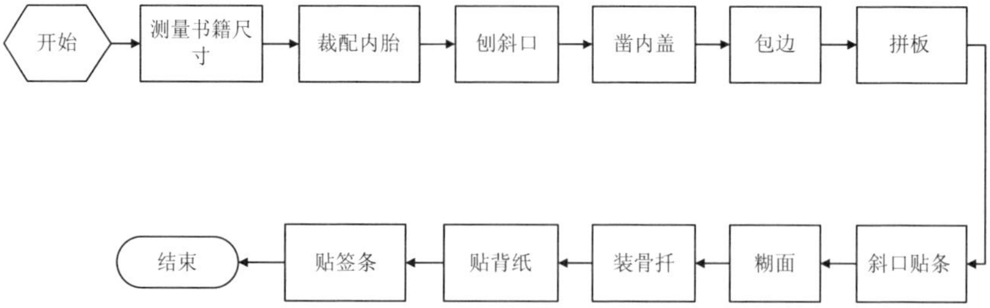

二、操作步骤与方法

下面以书长28厘米，宽18厘米，高6厘米为例，介绍制作其六合函套的步骤与方法。

1. 测量书籍尺寸

测得书籍实际尺寸为长28厘米，宽18厘米，高6厘米

2. 裁配内胎（内胎为0.3厘米厚的纸板）

套底：长和宽各比书的长与宽多二个纸板的厚度，长取28.6厘米，宽取18.6厘米。

套盖：长和宽各比书的长与宽多二个纸板的厚度多一丝，长取28.7厘米，宽取18.7厘米。

内盖：长同套底，取28.6厘米，宽比书宽一个纸板的厚度，取18.3厘米。

左墙：长和宽各比书长和高多二个纸板的厚度，长取28.6厘米，宽取6.6厘米。

右墙：长同左墙，可取28.6厘米，宽比书高多出三个纸板的厚度，取6.9厘米。

上、下墙：上下墙规格相同，长和宽各比书的宽和高多出二个

纸板的厚度，长取 18.6 厘米，宽取 6.6 厘米。

纸板条：粘贴在套盖正面一边，起美观作用。长同套盖长取 28.7 厘米，宽约 1 厘米。

3. 刨斜口、凿内盖

将裁配好的纸板在需拼接的边沿用木刨刨出一条坡形斜口，也可用小刀削。需刨处为：

套底刨上、下、左、右四边。

套盖刨左边。

内盖刨上、下、右三边，同时根据内盖的大小在纸上画出内盖的式样，如如意式、月牙式等，用剪刀将纸上的画样剪开，再将剪开的纸样放在内盖上，用铅笔沿着纸样的边在内盖上画样，取掉纸样，用刻字刀沿画样将纸板敲凿开，然后用砂纸将凿开的地方磨一遍。

左、右墙刨上、下、左、右四边。

上、下墙刨上、下、左、右四边。

4. 包边

取宽约 1.5 厘米的包面料长条，将凿开的每块内盖三边包起（除去刨斜口的一边）。遇拐弯处用剪刀在料的两边分别剪几个豁口再包。

5. 拼板

在拼板前先将 1 厘米宽的纸板条粘贴在盖板正面不刨斜口的一边。将纸板斜口向下，依次排列在台上。先将盖板有斜口的一边和右墙靠在一起，使中间留出约 0.15 厘米的缝，上边或下边依尺比齐，用小镇块压住。将 2 厘米宽的纸条（可用牛皮纸或夹宣）从上到下贴于缝上，用尺压一会儿。用同样的方法将右墙与底板、底板与左墙、左墙与内盖、上墙与底板及内盖、下墙与底板及内盖拼接起来。

6. 斜口贴条

在未进行斜口贴条之前，先将书籍放进拼接好的毛坯函套试试是否合适，如果合适再进行斜口贴条。贴条的方法与四合套贴条的方法相同，只是在贴底板四周的贴条时，需将贴条裁成比底板长或宽分别余出 3 厘米，贴条时将余出部分往两边分别包过，以防包面后底板的四个角露出毛坯。

7. 糊面料

裁包面料：六合套的包面料长为套盖宽＋右墙高＋套底宽＋左墙高＋贴边（4 厘米），包面料宽为套盖高＋上、下墙高＋贴边（2×2 厘米）。按例即长为 18.7 ＋ 6.9 ＋ 18.6 ＋ 6.6 ＋ 4 ＝ 54.8 厘米，宽为 28.7 ＋ 6.6×2 ＋ 2×2 ＝ 45.9 厘米。

包面：将料反面朝上平铺于台上，均匀地刷上厚浆，把书套毛坯放在面料上，使盒盖的上边和下边余出的料边基本相等，然后用剪刀分别沿着盒盖的上下两边及上下墙的边将料剪去一部分，使盒盖的上下两边及上下墙的边料只留约 1.5 厘米宽，在盒盖边与上下墙的拐角处，用剪刀对着盒盖与上下墙的拼接处把料裁开，然后把盒盖上边的料折回粘贴在纸板上，再连料带坯一起揭起，换一干净处，料面朝上放在台上，用手指及棕刷轻轻将面料花纹对齐刷平，包上四周的余边及角。包法同四合套。

8. 装骨扦

参见上一节“四合套制作”中相关部分。

9. 贴背纸

一般背纸使用白纸，考究的可使用有图案花纹的纸。方法：将纸裁成分别比盒盖、盒底、左右墙、上下墙等纸板的四周窄 0.3 厘米，内盖背纸按花样剪裁，在纸上刷稍稠浆（或在纸板上刷浆），将它们分别粘贴在盒盖、盒底、内盖、左右墙、上下墙背面的纸板上刷平。

10. 晾干、贴签条

参见上一节“四盒套制作”中相关部分。

三、六合套制作质量要求

1. 书籍装进合套不松不紧，大小适宜。
2. 每块内胎拼接处所刨坡形斜口宽度适宜相等。
3. 每块内胎拼接处相隔距离适宜相等。
4. 盒面洁净不脏，包面料包裹紧密不露内胎，且料面花纹整齐。
5. 骨扦与插口安装位置合适服贴。
6. 背纸与签条粘贴位置合适平整。

第三节　锦盒制作

锦盒主要用于存放卷轴式文献、单片册页式裱件及珍贵的散装文献等。本节介绍单盖盒式锦盒的制作方法（图 10–14）。

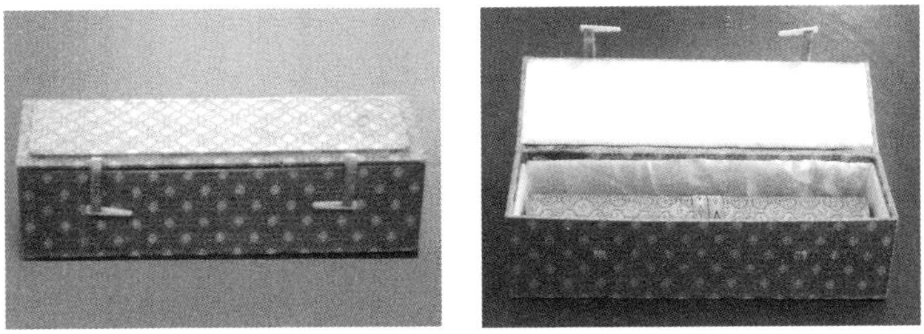

图 10–14　锦盒

一、操作流程图

二、操作步骤和方法

下面以制作长 65 厘米、宽 6 厘米、高 5 厘米的锦盒为例，介绍其操作步骤和方法。

1. 测量原件尺寸

实际测得尺寸：长 62 厘米，宽 3 厘米，高 4 厘米。

根据实际测得的尺寸以及衬里的材料厚薄，适当放量后，确定盒的尺寸为长 65 厘米、宽 6 厘米、高 5 厘米。

2. 裁配内胎（内胎用 0.3 厘米厚的纸板）

将纸板裁成以下规格：

盒底与盒盖：规格相同，分别取长 $65 + 0.3 \times 2 = 65.6$ 厘米，宽 $6 + 0.3 \times 2 = 6.6$ 厘米。

前、后墙：规格相同，分别取长 65.6 厘米，高 5 厘米。

左、右墙：规格相同，分别取长 $6.6 - 0.3 \times 2 = 6$ 厘米，高 5 厘米。

3. 拼板

在盒底纸板的四周边沿抹 0.3 厘米宽的白胶，将前墙、后墙、左墙、右墙相粘接的部位也分别抹白胶，然后将它们彼此粘接起来。

为使锦盒制作得美观，可裁一张比盖板四周各小 1 厘米的纸板，纸板厚约 0.15 厘米。将纸板四个角的棱角裁去，使其变为弧形，然后将其粘贴在盖板的正面居中。

4. 糊锦面

（1）裁盒帮料：裁一条锦条，锦条长为左右墙的长＋前墙长＋4 处纸板的厚度＋转边粘贴，宽为盒高＋纸板厚度＋上下转边粘贴，按例应为长 $6 \times 2 + 65.6 + 0.3 \times 4 + 2 = 80.8$ 厘米，宽应为 $5 + 0.3 + 3 = 8.3$ 厘米。

（2）糊盒帮：在锦条背面抹稠浆，沿右墙、前墙、左墙将锦条粘贴上，两头各留1厘米转过粘贴在后墙上，锦条靠盒底留1厘米，靠盒口留2厘米，然后分别将盒底与盒口的锦条转过粘贴在盒底和盒口内。

（3）裁包盒盖料：包盒盖料长为盒盖长＋两边转边，宽为盖宽＋后墙宽（高）＋纸板厚度＋转边粘贴，按例应为长 65.6 + 3 = 68.6 厘米，宽应为 6.6 + 5 + 0.3 + 3 = 14.9 厘米。

（4）糊盒盖：在锦料背面抹稠浆，将盒盖放在锦料上，使盒盖三边各余出1.5厘米，在盒盖两角处将包面料剪去一个三角，使靠角上的料留出约0.5厘米，然后把盒盖的两边余料折回包好。包到盒盖两个角时，用两个手的大拇指先将盒盖两边回折的料用指甲将其压平在盒盖口侧面的平面上，然后把盒盖口的余料折回粘贴在板上。无盖处将锦回折，然后将盒盖盖上，盖面用手或棕刷刷平，将回折的锦的两边与后墙的两边比齐，再在回折的锦面上抹浆，将锦粘贴在后墙上，靠盒底处将锦转过粘贴在盒底上。

5. 粘贴布链条

待盒盖的锦面干后，打开盒盖，在盒盖与后墙交接处粘贴一条与盒盖相同的锦条，锦条的长为后墙长减去2个纸板厚度，按例应为 $65.6 - 0.3 \times 2 = 65$ 厘米，宽为3厘米（也可根据需要放宽）。注意，粘贴时需将盒盖与后墙交接处靠紧。

6. 装骨扦

参见本讲第一节“四合套制作”中相关部分。

7. 衬里

衬里有二种：一种贴纸衬里，另一种镶嵌衬里。

（1）贴纸衬里

在拼纸板时，需事先将盒底纸板用白纸贴好。盒盖背面用比盒盖四周小0.5厘米的白纸贴上。

盒内四周贴白纸的方法：裁一条长比盒内心四周长 0.3 厘米、宽比盒内心高窄 0.5–1 厘米的白纸，在纸上刷浆，将纸从右墙与前墙交接拐角处起沿内心贴上。

（2）镶嵌衬里：即用海绵等做内胎，根据盒盖与盒内心的规格裁剪好，然后用各种绸缎、丝绒等包裹，再将其用粘合剂镶贴在盒盖内和盒内心四周。

操作方法：

① 裁卡纸

将卡纸按比盒盖四周小 0.5 厘米的规格裁好。另外再取一张卡纸，长按盒内心的长、宽比盒内心的高窄 1 厘米的规格裁剪好。

② 裁海绵

在卡纸上点几点浆，将其放在海绵上，然后按卡纸的大小将海绵裁剪好。

③ 包绸缎

将绸缎裁成比海绵四周大出约 1.5 厘米大小，把海绵面放在绸缎上，在卡纸四周靠边沿抹浆，把绸缎翻过粘在卡纸上包裹好。盒内心的卡纸也可以将其对裁，变成两块进行包裹，这样镶嵌衬里时比较容易。

④ 镶嵌衬里

在包裹好的海绵背面的卡纸四周边沿抹浆，将其镶嵌在盒内，用镇块压上，待干。

三、锦盒制作质量要求

1. 原件装进盒套大小适宜。

2. 盒盖及盒周密封平整。

3. 盒面洁净不脏，料面花纹整齐。

4. 盒内衬里安装平服。

5. 骨扦与插口安装位置合适服贴。

后　记

古籍修复作为一门手工技艺，一直以来以师徒结对，“传帮带”的传统模式传承。本人从事古籍修复工作近 40 年，作为一名师傅，在带教中以身体力行、潜移默化等方式，帮助许多徒弟掌握了古籍修复专业技能。为了把这门技艺传授给更多热爱古籍修复的人们，揭开它神秘的面纱，十年前我开始走进课堂，投身于古籍修复的教学和研究工作。其间非常高兴也很荣幸，能亲历这门课程登上了中国著名学府复旦大学的讲台。

古籍修复领域长期以来缺乏合适的教材，是专业教学的一大难题。于是 10 年前，我开始潜心钻研古籍修复知识的系统表述，把自己多年的实践经验、专业技能，升华为理论知识记录下来，并在 2002 年出版了第一本著作《古文献的形制和装修技法》。但当时由于时间紧迫，写得比较粗略。现在呈现在读者面前的这本《古籍修复技术》，是在我上一本著作的基础上诞生的。本书吸收了前书的经验，改进了不足。形式上仍然保留分步骤解说，配以图示，力求做到正确无误，又通俗易懂。希望提供给我国高等学院和企事业部门培训古籍修复技术人员之用，亦可作为广大古籍修复研究者的参考读物。

由于本人水平有限，难免有疏漏不当之处，衷心希望广大同行和读者不吝赐教。

在本书行将出版之际，衷心感谢复旦古籍所的陈正宏教授，由于他的帮助，本书得以列入“复旦大学古籍整理研究所古文献专业研究生教材”系列。感谢研究生陈腾、李洁茹同学，协助我审读了本书的校样。同时也要感谢上海古籍出版社责任编辑郭时羽女士，她的专业建议和认真编辑为本书增色不少。

童芷珍

2014 年 9 月于上海